HEART
心|視野

HEART

心|視野

擺脫習慣性自責的47個練習

對情緒勒索免疫，高敏感但不受傷，
戒掉沒必要的罪惡感

根本裕幸——著　林美琪——譯

目錄

第3章 罪惡感引起的各種行為與問題

Step 2

消除不必要的罪惡感，不再為難自己

第4章 坦然接受抱持罪惡感的自己

Step 3

擺脫罪惡感的「原諒」案例

第7章　找回罪惡感背後的「愛」

好評推薦

「你是否了解自己長期的思考模式，總是以負面的方式把矛頭對向自己，極盡批評、指責、否定，而讓自尊與自信體無完膚？我們是否自我覺察，總是傾向內在歸因，以扭曲的愛來對待自己與周遭他人之間的關係，而讓自己陷入莫名的罪惡感？然而，罪惡感何其複雜，我們卻茫然不知。幸運的是，作者條理清晰地將罪惡感詳細的說明與舉例，讓我們有機會打開心窗來了解，伴隨自己的罪惡感是何等樣貌。書中也針對每一種狀況提出解決與因應之道，讓我們不再受困在罪惡感的黑洞與深淵裡，無法呼吸而窒息。閱讀本書，讓我們以合理的方式來善待自己、原諒自己、與自己和解、接受自己的不完美、提升自我肯定，同時，與罪惡感保持安全的距離。」

——王意中，王意中心理治療所所長、臨床心理師

「學習與自己相處是一輩子的事情，希望透過本書，讀者能練習與自己和好。」

——方格正，臨床心理師

「簡單易讀的篇章，卻能幫助讀者卸下那沉重的罪惡枷鎖。」

——蘇予昕，諮商心理師

序言

擺脫習慣性自責，不再為難自己

你是否也有下列這些想法？

- 經常自責，嫌自己不好。
- 總是對過去的行為感到後悔。
- 事情不順利時，會認為「都是我不好」。
- 事情不順利時，會認為「一定是哪個人害的」。
- 無論是工作或戀愛，都會過度勉強自己。
- 當別人對自己很好時，就會覺得不好意思。
- 有時，會害怕自己不小心傷害了重要的人。

- 隱約有種「不可以很幸福」的想法。
- 懷抱著沒能幫助到人的痛苦回憶。
- 動不動就常逼迫自己。
- 有時，會過度回應別人的期待。
- 無法坦然接受別人的謝意或感情。
- 有時，會認為自己不可能被愛。
- 有著「明明自己很認真工作、全心投入戀愛，卻得不到回報」的想法。

這些只是一小部分而已，當我們內心抱持著罪惡感時，便會出現這類反應。罪惡感這種情緒，會對我們的人生產生莫大影響，會讓我們不容許自己幸福快樂。**有些罪惡感很顯而易見，我們會有自覺，像是因自己的言行而傷害到別人。但是，若非這類罪惡感，很多時候我們無法察覺到它的存在。**

身為心理諮商師，近二十年來，我聽了非常多人的煩惱，發覺最常出現的負面情緒，就是罪惡感，並且意外發現，很多人並未察覺到自己有罪惡感，正為罪惡感所苦，也使自己無法幸福快樂。

因此，我特別做了各種相關研究，尋找**擺脫習慣性自責、不再為難自己的方法**。

「習慣性自責」阻止你讓自己快樂

一旦有了罪惡感，便會「不知不覺」地懲罰自己，走上不讓自己幸福之路。明明是經過判斷，選擇了能為自己帶來幸福快樂的工作、戀人、環境，卻莫名其妙地陷入完全感覺不到幸福快樂的窘境。

「職場上的人際關係總是碰壁。」

「明明很努力，卻老是做不出成績。」

「和另一半經常吵架，身心俱疲。」
「動不動就罵小孩，我真是個失敗的母親。」
「想拉近和別人的距離，一旦距離拉近了，又會想逃。」

每次聽到這樣的訴苦，雖然並非全部，但我常常發現問題的背後主因都是罪惡感在作祟。

而且，**只要一點一點擺脫習慣性自責（亦即鬆綁自己），不可思議地，問題便會開始往好的方向改善。**

罪惡感的背後，是「愛」

我發現，習慣性自責的罪惡感背後有一個很大的因素，就是「愛」。

正因為愛著小孩，所以對小孩有罪惡感。

正因為愛著另一半，所以懲罰窩囊的自己。

正因為喜歡與人交往，才會認為人際關係出問題是錯在自己。

只要一點小事，就會在心中產生罪惡感，但我不會要大家徹底消滅它。**只要我們多關注罪惡感背後的「愛」，就能肯定自己的存在、鬆綁心靈的束縛，讓自己更好過一點。**

本書將針對習慣性自責進行深入的解說，並且配合許多案例，說明如何察覺罪惡感背後的「愛」，以及鬆綁自己的步驟等。

希望能夠幫助各位擺脫罪惡感，坦然做自己，一步步朝幸福人生邁進。

STEP 1

為什麼會有罪惡感？

第 1 章

認定「自己有錯」的負面情緒

1 這些情境都是潛意識的罪惡感惹的禍

自責感，讓你無法快樂

有句格言：「如果你此刻沒有幸福快樂的感覺，表示你沒有原諒自己。」換句話說，你此刻之所以不快樂，且不管理由為何，代表你正懷抱著罪惡感，所以不容許自己感到幸福。

這麼說或許會讓你一頭霧水。其實，罪惡感這種情緒的表現形態相當多，有些很明顯，例如：「是我不好」、「是我害的」，有些則藏在潛意識深處，悄悄讓我們懲罰自己。這類沉眠於潛意識深處的罪惡感，通常難以察覺。因此，我們心理諮商師會從以下這些「情況證據」來確定它的存在。

- 為什麼明明魅力十足，竟然選擇談一場不會幸福的戀愛？
- 為什麼明明能力出眾，偏偏繼續待在一個會傷害自己的職場？
- 為什麼老是選擇嚴酷又得不到回報的工作？
- 為什麼不肯相信自己的價值，跳進一個不可能帶來快樂的人際關係中？
- 為什麼明明深愛著孩子，卻對自己的愛沒有信心？

每次我聽到客戶訴說這些情況，便會推測：「恐怕背後是罪惡感在作祟吧？」

心理師想對你說

之所以無法快樂，或許原因就出在「罪惡感」，讓你無法原諒自己。
請試著以「或許是因為我有習慣性自責吧？」的觀點來檢視自己。

罪惡感有各種表現方式

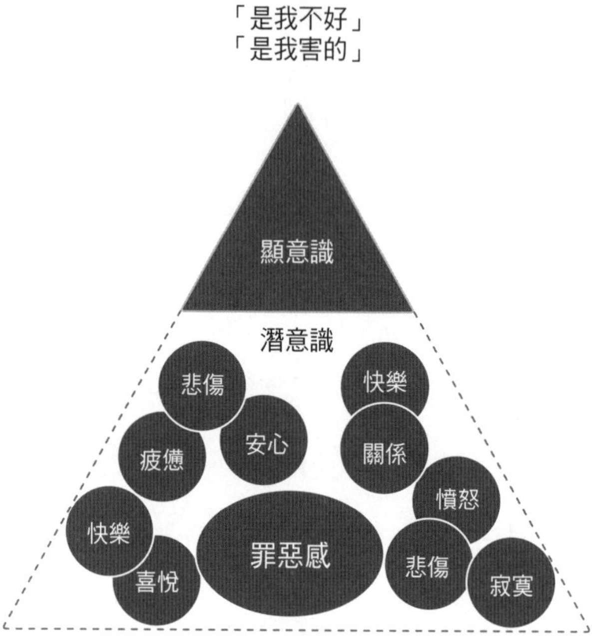

沉眠於潛意識深處的罪惡感，通常難以察覺。

2 人人都有罪惡感，讓人生更有意思

為自己定罪

罪惡感這種情緒，不論你有沒有自覺，都會讓你不幸福。只要有罪惡感，你便會自認**「我該當受罰」**而傷害自己，將自己帶入痛苦、不快樂的困境。

那情況簡直跟犯下重罪的犯人接受嚴苛刑罰沒兩樣。只有一點不同，就是既沒有負責公正審判的法官，也沒有為你辯護的律師，只有一位冷酷的執行者而已。而且，那位執行者不是別人，就是被罪惡感束縛、主張「應該給予更嚴厲懲罰」的自己。

罪惡感這種情緒，對人生的影響力就是這麼大。反過來說，如果你現在不快樂，那麼不妨想成，是因為你有罪惡感。

為什麼人生要有罪惡感？

為什麼我們的人生需要這種「不讓自己幸福的情緒」呢？這種說法或許有點心靈雞湯的味道，但我要透過這本書呼籲各位，請與罪惡感好好和平共處。

比方說，足球賽有一條規則：「除了守門員，其他選手皆不能以手觸球。」而且，故意妨礙對方行動就算犯規，嚴重的話會被舉紅牌，勒令退場。標準的比賽，每一隊都應派包含守門員在內共十一人上場。有了這些規則後，比賽才有趣。可以用手當然會更輕鬆、無人數限制會更容易取勝，但這樣就沒意思了。不論哪種遊戲或比賽，都是因為有這類規則及種種限制才好玩。

打保齡球時，假設工作人員向大家宣布：「各位，今天本館大放送，為了讓每一位來賓都能打到三百分滿分，我們將全力協助大家。請看，我們的工作人員已經在球瓶前面待命了，只要您一投出球，我們會立刻將球瓶全數推倒，很棒吧？」聽到這些，你還會想玩嗎？

保齡球也好、足球也好，高爾夫球也罷、網路遊戲也罷，所有的競賽都是因為過程不會太順利才好玩、有趣。如果有人開了一家任誰來打都是三百分滿分的保齡球館，恐怕很快就倒店了吧。

規則、限制等令人綁手綁腳，有時還會成為壓力來源。但是，有規則、有限制，遊戲才有趣，且會產生戲劇性的變化。

心理師想對你說

因為罪惡感，我們會給自己嚴厲的懲罰。

然而，這或許就是讓人生更有意思的一種「規則」吧。

3 無須切割，只要懂得與罪惡感共生

罪惡感是不可或缺的存在

既然有規則限制，遊戲才有趣，那麼請再想一想：「我正在玩人生這場遊戲。」輕鬆過關，贏得幸福人生，不是太沒意思了嗎？問題層出不窮，令人煩惱、不知所措，關關難過關關過的人生，才是一場好玩的遊戲不是嗎？在人生這場遊戲中，成為規則、限制的最大要素，就是「罪惡感」。

因此，我有時會這樣比喻：

「在你來到這個世界前，如果有人說：『你可以帶一種情緒去喔！』最多人選擇的情緒，想必就是『罪惡感』了。」

換句話說，罪惡感雖會讓我們痛苦、煩惱，另一方面，它也可說是讓人生這場遊戲更精采的一種制約條件，也是賦予人生戲劇成分的一種情緒。

如同與慢性病和平共處

罪惡感是如此重要的情緒，因此我並不主張徹底治療它。由於罪惡感是一種很複雜的情緒，而且一點小事就會產生，因此我主張應該好好地與它相處。

不要將罪惡感視為壞人而與之切割，而是學習與之共處。

以疾病來比喻，罪惡感就像是一種「宿疾」。只要知道這種疾病特有的「症狀」，每個人都能與之和平共處，因此，即便有這種宿疾，也能夠幸福快樂。

罪惡感也一樣，不會因為有它就失去幸福，只要能與它和平相處，依然能有幸福快樂的感覺。

**心理師
想對你說**

將罪惡感視為讓人生更有意思的規則，
不要企圖消滅它，
而是學習與之好好相處的方法。

4 自責的你，成為罪惡感的散播者

不知不覺為難自己與他人

一如人們將罪惡感比喻成「沉重的包袱」般，罪惡感總教我們背負許多的心結。

例如：你是某項專案的小組成員，負責某些業務。主導這項專案的經理專責時間表的安排與進度的掌控等，小組成員則分別負責經理分配下來的業務。當然，經理也會對你說：「請你負責這些。」然後交辦了一些業務給你，但不知為何，你就是覺得這樣不夠，你必須更努力、承擔更多才行。

於是，當你的後輩遇到困難時，你會心想：「我來吧。」而將那件事情攬過來做；當你發現後輩的進度快要落後時，你會說：「我來幫忙吧。」而主動支援。

結果就是，你反而沒時間做自己份內的業務，於是每天加班還不夠，連假日都得到公司趕工。

這麼一來，身心承受了連日工作的疲勞而日漸累積壓力，但你卻解釋成：**「都是我能力不足。」不斷為難自己。**

出自罪惡感的付出，反而讓他人自責

我再舉一個例子吧。假設你是一家之主，除了努力工作，帶給家人安定與安心之外，你對忙著照顧小孩的老婆也沒疏於關心。即便工作累斃了，很想休息，只要小孩一聲：「爸比，我們去公園！」立馬回應：「好！走！要不要帶球去啊？」騎上單車載著孩子去公園。回到家還會分攤家事，讓老婆輕鬆一點。老婆對你說：「幫我看一下寶貝的功課好嗎？」也是爽快回應：「好，遵命！」然後走向小孩的房間。

看在旁人眼裡，你是最完美的好爸爸，你老婆肯定很感謝你。你也認為這樣做是理所當然的，因此一直很賣力，即便工作忙碌，身體需要休息，你卻始終對身體發出想休息的訊號視而不見。

你把自己擺在後面，以老婆孩子、同事客戶為優先。當然，或許你很願意這樣做，但是，一旦超過負荷後，你的心就要發出痛苦的呻吟了。

你做的事情都很了不起。但是，如果你不聽自己的心聲、不聽身體發出的警訊，一再過度壓榨自己，就不是真正對家人、客戶有益了。

如果你倒下去了，這些人會做何感想呢？可想而知，他們會受到罪惡感的強烈苛責吧？**因為心懷罪惡感而不斷壓榨自己，結果卻是帶給旁人罪惡感**。

接下來，我要用一則小故事來說明這樣的心理。

以為帶給大家歡樂，結果卻是罪惡感

假設，你今天請朋友到家裡來聚餐。為了讓大家開心，你前一天就做好熱湯的前置作業，打算好好招待大家。

你邀請了很多人，因此準備的分量也不少。大家齊聚一堂，你一邊聽著不絕於耳的歡言笑語，一邊進行熱湯的最後烹煮作業。

「熱呼呼的煲湯上桌囉！」眾人歡聲雷動，你將湯一一舀進湯碗中，端給大家。大夥兒邊喝邊驚呼：「好好喝喔！」三兩下便喝光了。

你看得好高興，不斷招呼大家：「來來來，再來一碗！」於是一個一個前來續碗。這種狀況實在太嗨了，你為他們一一盛湯，大夥兒又開始異口同聲：「天哪，超好喝，太感謝啦！」

就在此時，你的肚子咕嚕咕嚕叫。

「咦？」眾人一臉錯愕，於是問你：「你都沒吃啊？」

「沒事沒事，我看大家吃得開心，我就跟著開心到忘了自己。我會隨便抓點東西吃的，不要緊啦！」

但是，大家聽完這句話，表情瞬間暗了下來。

有人說：「抱歉，我都沒考慮到你，我一個人就喝了三碗。」全場氣氛頓時變沉重。

接受旁人的愛，別過度自我犧牲

你為大家煲湯，讓大家笑逐顏開是件好事，但當大家知道你忍著空腹為大家盛湯時，此舉造成了大家心中的罪惡感。你的想法是：「我想讓大家開心。」但最終的結果是，你製造了更多罪惡感。

有了罪惡感，就會製造出這種自我犧牲態度，抱持著**「我沒關係，你們要幸福快樂喔」**的想法。

但是，眾人的想法是：**「你也要一起幸福快樂喔。」**

也就是說，你並未接受別人對你的「愛」，因此，雖然你想讓大家開心，卻反而讓大家產生罪惡感了。**要擺脫這種罪惡感，關鍵之一便是「接受」。坦然接受眾人的「感謝」**。若能接受這份愛，你會更加輕鬆地發揮自己的領導力。

將自己的湯碗盛滿，大呼：「喔，好好喝！好喝到爆！搞不好我是個被耽誤的料理天才呢！你們多喝點，別客氣喔！」自己也喝得開心，這才是真正的領導力。

心理師想對你說

為他人而努力是一件很了不起的事。
不過，如果那是出於犧牲自己的態度，
那麼，原本是善意的行為，結果也會變成散播罪惡感的行為。
請先學會「接受」，這點相當重要。

累積了罪惡感，就會把它傳給別人

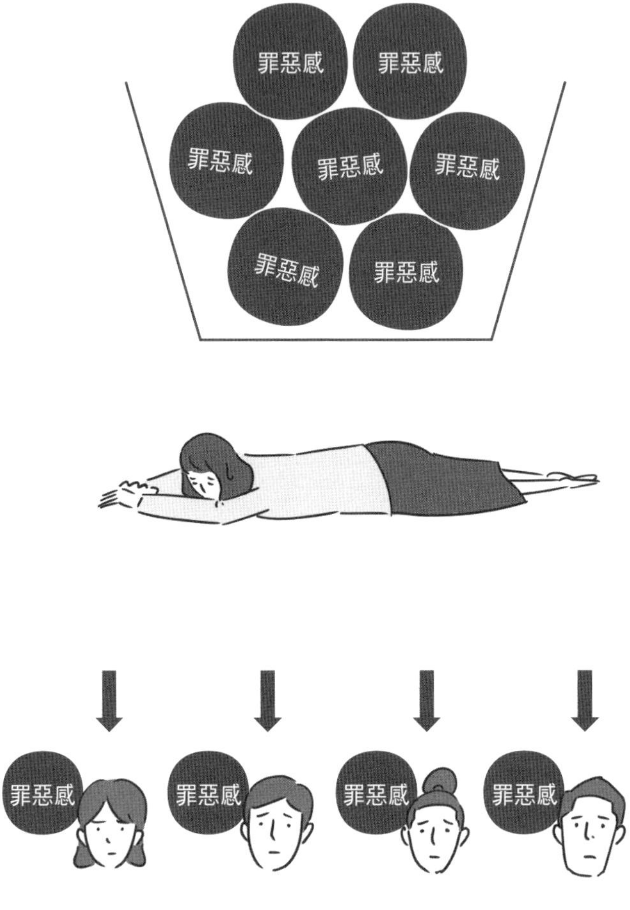

罪惡感會產生新的罪惡感

第 2 章

罪惡感的十六種徵兆與七種類型

5 潛藏心中的罪惡感有哪些徵兆？

接受「罪惡感」的存在

罪惡感是一種「是我不好，是我害的，我該當受到懲罰」的情緒，但它未必會直接這樣表現出來。

因此，日常生活中，我們會覺得自己並無罪惡感，可是，我們常不自覺會有本節所介紹的感覺、想法，這些往往就是罪惡感的徵兆。如果你有這類感覺或想法，哪怕只有一個，都代表著你已經有罪惡感了。

雖說如此，先前也已說明過，覺得**「不可以有罪惡感」這種觀念是非常危險的。罪惡感是一種「只要是人就會有」的情緒，你應該坦然接受它的存在，與之和平相處。**

徵兆 1 覺得自己不該幸福快樂

如果你隱約有這種想法，表示可能罪惡感已悄悄沉眠於你的潛意識中。它會對你喃喃耳語：「你沒有資格幸福快樂！」

徵兆 2 覺得自己會傷害重要的人

罪惡感會不斷要求你犯罪，例如：要你去攻擊人、傷害人。你會一直受到這種想法的驅使。

徵兆 3 想要遠離重要的人

只要你認為你傷害了對自己來說很重要的人，這個人在你心中越重要，你就會越想遠離他。罪惡感會讓你產生「想遠離所愛之人」的矛盾想法。

徵兆 4 與心愛的人距離越近，就越害怕而想逃

抱持著因為愛一個人而想遠離他的想法，只要與那人的距離縮短，你就會感到害怕。為什麼？因為你不想傷害你心愛的人。因此，你會一直被這樣的情結糾纏著。

徵兆 5

認為自己很汙穢

當你產生罪惡感時，你會覺得自己像是沾了什麼髒東西，彷彿做了無可挽回的憾事般，陷入身心再也無法回到乾淨無汙狀態的錯覺。

徵兆 6

覺得自己是個累贅

罪惡感會經常攻擊你自己，讓你認為：「你這種人還是消失比較好，這樣大家才能幸福快樂！」因此，你會經常覺得自己給旁人添麻煩，進而想要離開。

徵兆 7

害怕變幸福、不相信自己能幸福

罪惡感讓你深深以為：「我很罪惡、我是壞蛋，我不可能幸福快樂！」因此，當了不起的光榮、成功、恩惠來臨時，你不但不能坦然接受，還會想逃之夭夭，有時甚至會感覺到自己受騙了。

徵兆 8

不認為自己會被愛

如果你自認是個壞蛋、拖油瓶，你肯定不相信有人會愛你。罪惡感越強，會越相信：「像我這種人，怎麼可能會有人愛。」

徵兆 9 無法接受別人的愛

這種狀態下，即便有人向你示愛，你也無法大方地接受。有時，你還會把這種愛看成是傷害自己的利刃、是嘲笑自己的陷阱。

徵兆 10 不知如何向人求助

讓你痛苦正是罪惡感的目的，它不容許你向人求助來拯救自己。因此，即便已經超出你的負荷，你仍會獨力設法承擔一切。

徵兆
11

認為自由自在會給別人造成麻煩

罪惡感會限制你的行動與思考，就跟關進牢房、失去自由一樣。它會在你耳邊說：「你希望的自由自在會給別人添麻煩，你別妄想可以這麼好命。」

徵兆
12

出問題時，總認為錯在自己

當你的工作或家庭出問題時，罪惡感會讓你先責怪自己，讓你認為是自己害進度落後，家人吵架的原因也是你。

徵兆 13 認為自己就像毒瘤

因為認為自己就像一顆毒瘤，因此，你會想遠離所愛的人，無法接受別人的愛，也不准自己向人求助，甚至深信自己只會給別人添麻煩。

徵兆 14 當事情進行得很順利時，就想破壞它

罪惡感不希望你幸福快樂，也不希望你順利成功。因此，如果事情進行得很順利，它就會讓你生起破壞的衝動。快要談成一張完美的合約時、想要與心愛的人結婚時、對方提出夢幻般的報酬時……罪惡感會讓你想要加以拒絕。

徵兆15 內心有一種想搞破壞的欲求

為了懲罰你，罪惡感會不斷傷害你。因此，它會常常讓你生起搞破壞、傷害人的衝動。你必須知道，那是一種自我破壞性欲求的投射。

徵兆16 認為自己沒資格受關注

罪惡感會對你說，你是個必須贖罪的人，不適合站在鎂光燈下，因此，你應該永遠待在陰暗潮溼的角落。

不再自責的第一步：了解罪惡感的徵兆

如果你隱約感覺到自己有上述的想法，那麼，很可能罪惡感已經牢牢紮根於你的潛意識中了。

或許因為某些原因，而導致你有深深的自責感：「**我是個壞蛋，我必須受罰，我不應該幸福快樂。**」然後把自己關進了心之牢房。

首先，請坦誠接受，你的內心存在著這樣的情緒。

別擔心，因為，這本書將會告訴你如何擺脫罪惡感，不再為自責所困，而且，你一定可以成為一個感覺得到幸福快樂的人。

心理師想對你說

罪惡感的存在太過理所當然了，以致很多時候難以自覺。
若你認為，「明明很努力，卻得不到回報」、「感覺不到幸福快樂」，
就有可能是罪惡感在蠢蠢欲動。

6 罪惡感的七種類型

前面已經介紹過罪惡感的十六種徵兆，接下來，我將整理出罪惡感的類型。我將罪惡感分為七大類型，以下從容易認識的類型開始介紹。

類型 1 傷害了別人、破壞了好事——加害者心理

最容易了解的罪惡感，就是這種「加害者心理」。說到罪惡感，你最先想到的，應該也是這個吧？也就是說，你會認為自己的某些行為傷害了對方。以下是常見的幾個例子——

- 與友人爭論到最後，說出很過分的話而傷害了對方。
- 做出某種行為，背叛了深愛自己的戀人。
- 無法給心愛的另一半幸福。
- 自己的輕率發言，破壞了與對方的信賴關係。
- 工作上犯了大失誤，給客戶和自己公司都帶來大麻煩。
- 小孩在學校無法表達自己的想法，原因在於我對他下了太多指示。

此外，心理學上有一種看法：**「加害者與受害者是一體兩面的。」**

遭到加害者傷害的受害者，會在受害的那一刻，產生攻擊、批判加害者的想法，例如：受害者會反擊：「都是你！害我受傷了！你要負責！」有人則會在心中怨恨對方。因為是以受害者為由而攻擊、批判對方，於是那一刻便從受害者變成加害者了。這麼一來，加害者自然變成受害者，兩者身分便不斷互換下去。

如果，你在被人傷害的那一刻，生起攻擊對方的念頭，那麼，你在那一刻就會因為自己變成加害者而感覺到罪惡感。當然，每個人都可能會發生這樣的情況，請別把它當成壞事，這個程度的罪惡感本來就很容易在我們的心中萌芽。

要跳脫加害者、受害者的惡性循環，就成為一個**「無害者」**。不要攻擊對方，也不要自認是受害者。

類型 2 無法幫助人、不能夠有益於人——幫不上忙的無力感

這種心理與「加害者心理」很接近，極力想要幫助別人、拯救別人、利益別人、不想造成別人的麻煩，卻力有未逮，這種情況下產生的罪惡感，又稱為「無力感」。

以下是常見的幾個例子——

- 想要幫助老是陷入悲傷中的母親，於是每天聽她訴苦，為她加油打氣，但她依

然消沉不已。

- 想要幫助染上酒癮的父親，有時和他開戰，有時和他同一陣線，結果父親病倒離世了。
- 總是喜歡找心理受創的人當另一半。比起心理健全的人，更容易被有缺陷的人吸引，想要和他一起努力獲得幸福，但總是無法順利如願。
- 出於善意而支援前輩的工作，但反而礙手礙腳，幫不上忙。
- 公司對我期待很高，我也努力想為公司創造佳績，但總是事與願違。
- 想造福員工而拚命奔走，但業績不如預期，不得不調降員工的薪水。

類型3 什麼事都沒做，只是袖手旁觀——無作為的罪惡感

通常，這會製造出最難以原諒自己的罪惡感。

內心有著「無作為的罪惡感」，正因為什麼事都沒做，不會被公開問罪，而且周圍的人也多會站在自己這邊，於是會不斷自責且後悔：「當時，我要是有這樣做就好了……」以下是常見的幾個例子——

- 看到後輩的工作遇到困難，心想：「不管他應該沒關係吧。」便置之不理，結果出了大紕漏。於是後悔不已：「要是當時伸出援手，也許就不會出事了……」
- 見同事臉色不好，心想：「應該不要緊吧。」而沒問候。幾天後，同事病倒，長期住院。聽到人家說：「如果早幾天接受治療就有救了……」於是極度後悔當時為何不開口關心他。
- 前輩A和B處得不太好，自己腦中曾經閃過居中協調的念頭，但後來想想也許沒那個必要而作罷，結果，兩人益發交惡，整個團隊面臨崩盤危機。

類型4 因為幸福而懷有罪惡感

這是一種不容易自覺到的罪惡感。條件優異本身是件很棒的事，但由於自認承受不起，於是轉變為罪惡感。以下是常見的幾個例子——

- 家境富裕，擁有別家孩子都沒有的玩具，還經常出國旅行，但自覺不好意思，因此在學校都不願談家裡的事。
- 老公在上市公司上班，自己雖然只是一個家庭主婦，但生活過得比較優渥。聽到也是身為媽媽的朋友們為兼差、金錢的事情煩惱，就覺得很過意不去。
- 閨密五人經常同遊，可是其中只有自己有男朋友，因此不敢聊兩人恩愛的事，只說男朋友的壞話。
- 從小就是美人胚子，常被人稱讚「好可愛」、「好漂亮」。因為害怕遭到嫉妒便盡量低調，淡化自己的存在感。

- 認為高學歷會被側目，於是工作上、私底下聊到學生時代的話題時，都不太敢說話。

此外，這種罪惡感有時來自「**害怕遭人嫉妒**」。以前面那個閨密五人的例子來說，即便張口欲說：「其實我們超恩愛的，昨天還過了甜蜜的一夜！」也不敢說出來，只好說：「前幾天，我男友好像背著我去聯誼……」因為你認為不說些負面的話會不好意思。

對於幸福懷著罪惡感的人，有時會特別喜歡有一堆問題的人，藉由幫助他們來消除罪惡感（即補償行為）。

如果你有這種情形，建議你要隨時提醒自己擺脫罪惡感，對於自己的幸運心存感謝，不抱虧欠。

類型 5 自覺不如人，貶低自己

當罪惡感累積於潛意識深處時，便會萌生這種感覺，一再做出不讓自己幸福快樂的選擇。這種罪惡感很難鎖定特別的原因，通常是各種罪惡感交織而成的，難以自覺。因此，它有個特徵，就是常常招致「自認很想獲得幸福快樂，也做了各種努力，卻不知為何總是不順遂」的狀態。以下是常見的幾個例子——

- 認為對方跟自己在一起也不會幸福，於是刻意保持距離。但保持距離後，又覺得寂寞，於是再次親近，但卻因罪惡感作祟，導致再次保持距離，如此反覆不已。類似「刺蝟困境」。（刺蝟彼此靠得太近，就會互相被對方身上的刺給刺傷。）
- 越是愛著對方，越會為了保護對方而保持距離。
- 感覺自己無法獲得幸福、不該獲得幸福。

- 總是選擇會讓自己受傷、無法幸福的選項。
- 從事辛勞的工作，卻獲得偏低的報酬。
- 你明明不希望這樣，但所選擇的伴侶卻多屬於會傷害你的類型。（例如：暴力、舉債、賭博、酒癮、工作狂等。）
- 自己有酒癮、賭博、工作狂等對某事物產生依賴的傾向。
- 容易與人建立起「黏結關係」。

類型 6 從父母、伴侶身上承接過來的罪惡感

由於太想幫助心愛的人，於是把對方背負的罪惡感也分攤到自己身上，並且不斷複製，把它當成自己的情緒，最後陷入**「為別人的情緒所苦」**這種自己也難以察覺的狀態。

例如：你很愛你的母親，而她正為罪惡感所苦。當母親抱怨：「都是我，害事情變成這樣。」你為了讓母親好過一些，便對她說：「不，不是妳的錯，是我不好，是我害的！」不自覺中，你**把母親的罪惡感攬在自己身上**了。

此外，這種狀況會形成日後的行為模式及思考模式，小孩在成長過程中，會不斷從最愛的父母身上複製他們的言行舉止、思考方式、價值觀等。如果你的父親為罪惡感所苦，並因此傷害自己、選擇無法幸福的道路、攻擊別人，**你就會在不知不覺間模仿那些「因罪惡感而產生的行為」**。以下是常見的幾個例子——

- 母親對小孩抱持「讓你當我的小孩，真對不起」的罪惡感時，小孩會複製這股罪惡感，懷抱著「有我這樣的小孩，真對不起」的罪惡感。
- 你的另一半因為自己是工作狂而懷抱罪惡感，你為了讓他好過一點，把自己也變成一個工作狂，以取得他的共鳴。

類型 7 宗教帶來的罪惡感

在基督教的教義當中有所謂「原罪」說，認為「人人生而有罪」，佛教也有禁止殺生的觀點，這些都是要我們保持感恩、謹慎、謙虛的人生態度，但越是狂熱的信徒，越會認定「我是有罪的」，越容易產生罪惡感。

所有罪惡感都在這七大類型中了。接著，來看看罪惡感的具體心理狀況吧。

心理師想對你說

罪惡感有很多類型，有些很容易識別，有些難以察覺到「不認為自己有」的程度。造成問題的，都是根植於潛意識中「難以辨識的罪惡感」。

罪惡感的七種類型

〈容易察覺〉

類型 1
傷害別人的罪惡感

類型 2
不能助人的罪惡感

類型 3
無作為的罪惡感

類型 4
因幸福而懷有罪惡感

類型 7
宗教帶來的罪惡感

類型 5
自覺不如人的罪惡感

類型 6
從父母、伴侶身上承接的罪惡感

〈不易察覺〉

越是進入潛意識狀態中的罪惡感，就越不容易察覺。

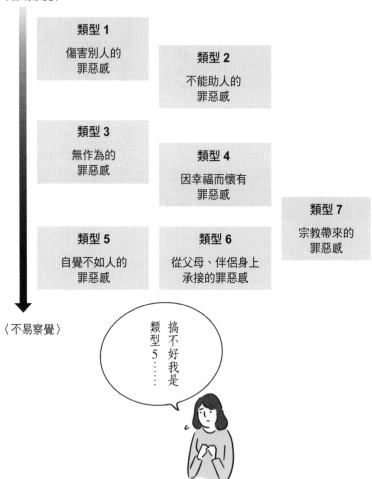

7 聚會氣氛不熱絡，都是我害的？

把不順利的原因都歸咎於自己

以下透過生活上的例子介紹「類型2」的罪惡感。

今晚是期待已久的同事聚會。主辦人熱心地張羅好一切，可是，不知為何，現場氣氛有些彆扭，有人說了笑話，但沒有人笑，有些人則在角落悄悄細語，感覺氣氛有點不對勁。你找人攀談，但話題都說不了幾句便沉默來襲。在這樣的氣氛中，大家自顧自地用餐，吃完後就直接散會了。

回家路上，你覺得好沮喪，心想：「是不是我在場，氣氛才會那麼僵？」而悶悶不樂。明明你也沒做什麼，和同事之間也沒起什麼糾紛，不知為何，怪罪自己的這種念頭始終揮之不去。

上述故事以「聚會」為例，除此之外，在職場、同學會、偶像的演唱會上，當氣氛冷淡、充滿火藥味，或是談話尷尬時，你會不會突然冒出一個念頭：**「是我害的？」**這個念頭，極可能是罪惡感製造出來的。

話雖如此，或許你感覺不到罪惡感，也想不出為什麼會有這種念頭，其實，從小在人際關係上累積起來的罪惡感，往往會在這種場合冷不防地冒出來。

潛意識中的「偏見」造成習慣性自責

比方說，你和好朋友們聚在一起聊天，偶然間你說了一些話，瞬間眾人噤聲，氣氛變得很奇怪。於是，你內心生起「啊，我說錯話了，破壞氣氛」的想法（罪惡感）；在家裡，當全家聊得很開心時，你突然插話：「你們剛剛在說什麼呀？」家人回應：「你先別插嘴，這話題跟你無關啦。」遭到拒絕後，你的罪惡感油然而生：「啊，我不能加入他們的聊天，會造成他們的麻煩。」

像這類微不足道的生活小事，小到不復記憶，但每一個小小的罪惡感累積下來，就會讓我們產生偏見：「我在場的話，氣氛就會凍僵。」、「我是一個麻煩人物。」這種偏見會在前述聚會那樣的場合中浮現出來。

當然，你應該不是第一次有這樣的感覺，很可能之前就有過幾次了，只因為這種偏見對自己而言是「理所當然」的，也就無法自覺。換句話說，你去參加那場氣氛不佳的聚會時，潛意識中「我在場的話，氣氛就會凍僵」的偏見就被喚醒了，才會感覺到：**「都是我害的。」**

心理師想對你說

當你聽到人家說：「之前聚會每一次氣氛都很嗨的啊，這次卻……」

就感覺到：「搞不好是因為我在場的關係？」

那麼，可能是你心中的罪惡感在作祟。

罪惡感影響著你的心情，只是你意識不到而已。

「我是一個麻煩人物」這種偏見，從潛意識中甦醒了

是我的錯嗎……？

8 把一切的責任擔在自己身上

只要不順利，一定是自己的錯

以下透過生活上的例子介紹「類型5」的罪惡感。

你不覺得把「生活一切的不順都認為是自己的責任」這太誇張了嗎？當你把極為強烈的罪惡感視為理所當然時，對於任何事情，你都會自然冒出責怪自己、否定自己的想法。

理智上雖認為：「這件事情跟我無關，是我無法改變的。」但你會對所見所聞出現負面的自責感，而且認為那似乎是你的錯。以下是常見的幾個例子——

- 難得出遊，天公卻不作美。啊，搞不好是我害的。
- 外出購物碰上大排長龍。都是我害的。
- 聽見警車的鳴笛聲。明明自己什麼都沒做，卻心臟砰砰跳。
- 在咖啡館點飲料，結果被店員忽略了。果然，我就是個倒霉鬼。
- 坐電車時，旁邊的人心浮氣躁。是不是因為我做了什麼？

當罪惡感不知不覺跑出來這件事變成理所當然時，表示你有凡事都怪自己的毛病。

那麼，儘管你知道與你無關，還是會忍不住自責。

「總覺得什麼都是我的錯，我這種人活著對世界有什麼幫助。」

走到這種地步的人還不少。你也是這樣嗎？

**心理師
想對你說**

旁人明明沒說什麼，
你卻把一切的過錯都攬在自己身上，
這種情況，可能就是被「自我否定」這種罪惡感束縛住了。

9 明明很順利，卻還是不安？

對於好事，無法坦率地開心

和前一篇一樣，這也是「類型5」的罪惡感。

比方說，一年前開始執行的專案終於順利成功，眾人皆鬆了口氣，並對成果欣喜不已，但不知為何，自己就是開心不起來。理智上知道自己很努力，也有相當的貢獻，但不知為何，總覺得因為自己的存在而有對不起大家的感覺。

「要是沒有我，成果會更好吧？」

「要是沒有我，大家會更欣喜若狂吧？」

不知為何，總會冒出這種念頭而**無法坦率地加入歡喜之列**。以下再舉一個例子。

妳積極參加婚友聯誼活動，最後終於找到了真命天子，妳開心地向朋友報喜訊，朋友也為妳感到祝福，而妳也滿心歡喜：「我好幸福，有這些真心的好朋友！」可是，要不了多久，不安襲上心頭：

「我看，最後一定會搞砸！」

「現在還好，但他要是知道我的本性，大概會棄我而去吧？」

「應該有比我更好的人吧？」

「他的真命天女不是我吧？」

各種對自己的質疑不斷湧上心頭。

負面思考會扯你後腿

前面也提過許多次，罪惡感是製造「我不可以幸福快樂」想法的元凶。因此，像是工作上的專案成功、眾人狂歡，或是找到如意郎君、滿心喜悅的場合，依然會開心不起來。

罪惡感還會讓你生起破壞幸福的念頭，例如：讓你覺得自己給人添了麻煩，或是覺得有更適合對方的人。

罪惡感不容許你接受可直接連結到幸福的「愛」、「富裕」、「成功」、「喜悅」等。而且，會讓你連想到，最後都會變成不幸。當然，這不是因為你的個性不好或想法灰暗，罪惡感就是會讓你產生這樣的思考及情緒，扯你後腿。

心理師想對你說

沒必要否定自己的性格與能力。
明明事情進展順利，
卻無法率直地為成果感到開心，
原因可能出在讓你自我否定的罪惡感。

10 對好事感到惶恐，無法坦然接受

沒必要給自己貼上「麻煩人物」的標籤

接著，我們來看看「類型5」罪惡感的案例。

比方說，朋友送你一個小東西當生日禮物。「居然記得我的生日？真是開心！」你一方面這樣想，一方面又覺得：「讓人家費心，真是不好意思。」、「其實他沒必要為我專程去買禮物的。」

你會不會這樣突然出現這種否定人家好意的念頭呢？

再舉另外一個例子。比方說，上司和前輩對你的工作表現大表讚賞。「謝謝。」你表面上雖然這麼說，其實，你心裡不斷嘀咕：「不，我不值得你們稱讚，我只會給你們惹麻煩而已。」湧現否定思維。

或是和朋友在餐廳用餐，店員端來點心：「這是本店招待的！」朋友開心不已，不知為何，你就是無法坦率地跟著開心。

「有這種好事的話，接下來是不是會發生什麼壞事？」你腦中出現這樣的反射性思考。

明明是開心、歡喜的事，卻不意湧現這種潑冷水似的否定思維，這時，你一樣可以把它當成是罪惡感作祟。

明明可以大大方方地開心，卻湧上負面思考，或許你會討厭這樣的自己，還會給自己貼上**「麻煩人物」**的標籤，但其實沒必要。被罪惡感綑綁時，往往會因為一點日常芝麻小事，就冒出自我否定的想法。

罪惡感這種情緒，極巧妙地潛藏於我們心中，一有事便冒出來。而且，不是一次、兩次，是日常性地、理所當然地出現，讓我們覺得自己是個性格卑劣的人、希望自己和別人都不幸的壞蛋、無法坦誠表露心情的「麻煩人物」。

**心理師
想對你說**

罪惡感讓你無法坦率地接受幸福、喜悅，
總覺得過意不去，
當下覺得自己與周遭格格不入。

罪惡感作祟時，即便發生好事，也會出現否定思維

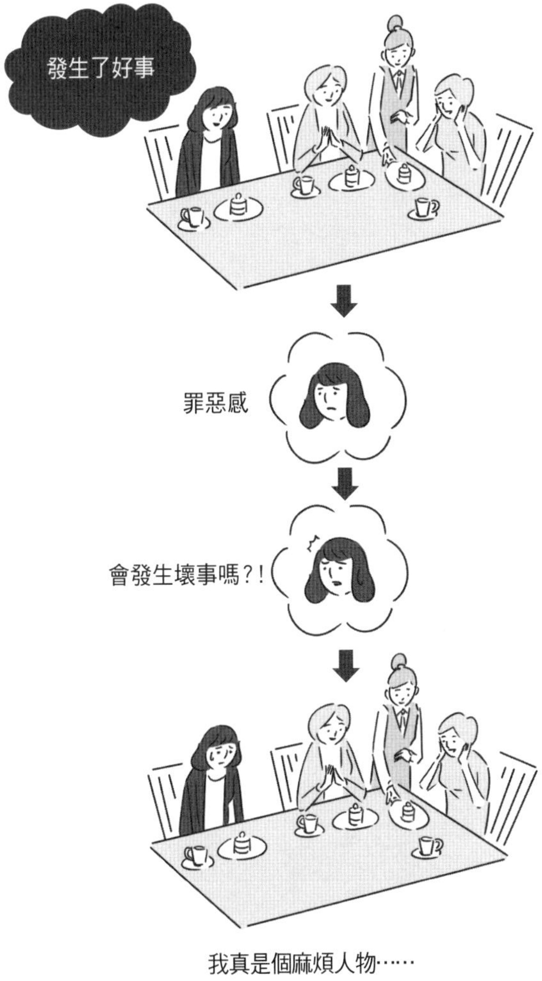

11 錯誤的偏執，讓你不停懲罰自己

把重要的人事物都往外推

罪惡感這種情緒會經常攻擊你，讓你無法幸福快樂，因此，日積月累下去，便會形成一種偏見：無論發生什麼事，**「都是我不好」**。無論出了什麼問題，「啊，搞不好是我害的？」這種感覺便是其中一例，甚至會覺得：「今天下雨也是我害的。」簡直把自己當成瘟神了。

這麼一來，就會把自己重視的人事物往外推。例如：遠離心愛的人、重要的朋友、想保護的東西、無可取代的場所等。

一旦為罪惡感所縛，你會覺得自己簡直是世界上最十惡不赦的壞蛋、世上最不可原諒的人，就是自己。

換句話說，**「在這個世界上，沒有人比你更不原諒你自己，也沒有人比你更會懲罰你自己。」**

心理師想對你說

心懷罪惡感，
你會把自己當成「瘟神」看待。
沒有人比你更猛烈地攻擊你自己。

第 3 章

罪惡感引起的
各種行為與問題

12 罪惡感越強，越會堅持「自己是對的」

把自己的行為正當化，逃避譴責

我經常聽到來找我晤談的當事人這麼說：

「我先生在外面有小三，但一點愧疚感都沒有，還一副『都是妳的錯』的態度，根本不認為自己有什麼不對。」

我總是回答：「不，我認為他是充滿了罪惡感。正因為他知道自己做錯了，才會採取這種態度。」

對方會再說：「如果知道自己做錯了，不是應該道個歉、改變一下態度嗎？」我的回答是：「不不不，承認犯錯就慘了，不是嗎？」

越是自覺到「自己做錯事」的人，越會認為：「得向對方贖罪。」、「得九十度鞠躬謝罪。」從搞外遇的先生立場來看，他會認為：「要是認錯，將一輩子在老婆面前抬不起頭來，變得跟奴隸一樣，而且得付出相當的補償不可。」

這麼想以後，接著就是：**「只能硬著頭皮，來個死不認罪。」於是為自己的行為正當化。**

因此，越是有罪惡感的人，越不會承認自己有錯，反而會主張自己是對的。

嘴硬不認錯的人，其實有強烈的罪惡感

請想像一下以下情境。

在辦公室裡，坐你旁邊的同事正在喝咖啡，你不小心把他的咖啡打翻。幸好，被咖啡濺溼的範圍不大，只有稍微弄髒便條紙和原子筆而已。這時，你大概會慌張地說：

罪惡感反過來幫你的行為正當化

「啊，不好意思！不好意思！」且趕緊擦拭吧。

但是，如果咖啡潑到了「超重要」的文件、筆電的鍵盤，坐你旁邊的同事開始顫抖地說：「啊，這份文件超重要的。啊，我的筆電動不了了，怎麼辦……」你還能天真地說「不好意思」嗎？

恐怕，你會想說：「啊，都是因為你剛剛撞了我一下……」、「你不該把咖啡放在那裡的……」

輕微的罪惡感，我們可以道歉：「對不起！」但是，如果我們的行為造成的罪惡感越強烈，我們就越不容易認罪道歉。

換句話說，罪惡感越強烈，我們越會**主張：「我沒有錯，我是對的。」有時，還會開始推卸責任：「是你害的，是你的錯。」**

因此，這種死不認罪，主張自己並未犯錯的人，通常罪惡感都非常強烈。相信你身邊也有這種永遠主張「我是對的」、不肯認錯、不說「對不起」的人吧。

面對這種人，請用這種角度來看他：「其實他有很深的罪惡感吧。」這樣想，就比較能原諒他了。

心理師想對你說

罪惡感越強，越會認為：
「要是認錯，就必須做出適當的道歉和補償才行。」
於是，他們會將自己的行為正當化，或是推卸責任。
罪惡感越強的人，通常越看不出來。

13「偏執的自我原則」製造出罪惡感

每個人都有數萬個「偏執」

佛教的百丈禪師曰：「一日不做，一日不食」，若抱持著這種「觀念」（又稱偏執、自我原則、信念等）的話，只要一天沒工作便會產生罪惡感。

此外，以「守時」為處事原則的人，若某次不小心遲到，便會覺得自己很糟糕；以「微笑待客」為工作守則的服務業店員，若因身體不適而無法笑臉迎人，罪惡感便油然而生。

這類的「觀念」，每個人皆有數千至數萬個，且幾乎被視為「理所當然」，因此不易察覺。

假設有位媽媽堅信：「對待孩子必須很溫柔。」媽媽要忙一大堆家事，總有覺得帶小孩很累的時候、或是和先生吵架心情不佳的時候。但是，只要這種觀念很強，即便很累、心情很差，要是罵了小孩，就會產生強烈的罪惡感而自責：「我這樣的媽媽真是不及格。」

這種情形，旁人看了都會安慰：「沒關係啦，誰都會這樣的！」然而，「對待孩子必須很溫柔」這種觀念越強，就越聽不進旁人的安慰。

在挨罵之前，就先自責

再舉一例。有個先生平常老是被太太碎碎念：「你花錢花太兇了！你這樣亂花錢，家裡快過不下去了！」於是產生罪惡感，進而建立一個新觀念：「花錢要謹慎！不可以浪費！」來約束自己。

然而，有一天，他和後輩去喝酒，喝開了之後，不知不覺出手大方了起來，最後全部都由他來買單。

這下子，罪惡感再添一筆。

「你會被老婆大人罵吧，我看你又要被她碎碎念了。是說，你怎麼會犯這種錯誤呢？」在回程的電車上，自己在心中開起一人檢討大會。換句話說，在被太太碎念之前，就先自責起來了。

心理師想對你說

有「必須這樣做」、「不行那樣做」觀念的人，
一旦做出違反觀念的事，
便會產生強烈的罪惡感而自責，
變得無法寬以待己。

14 自責演變為卸責的惡性循環

自責反倒變成惱羞成怒

如前文所述，當我們做了自認「不可原諒」的事，或是無法做到自認「必須這樣才行」的事，便會產生罪惡感而責怪自己。

「觀念」恰似一種枷鎖，束縛了自己。被「自我設限」綁住的人不懂得轉念來寬容自己，像是：「帶小孩本來就有壓力，有時發脾氣也是沒辦法的事，之後再道歉，再表現出更多的愛就行了。」「慰勞努力打拚的後輩是件很重要的工作，後輩會很開心，要是因此更賣力工作，那就值得了。」

再說，因罪惡感而自責，久而久之，就會將自己的所做所為「正當化」。

比方說，對孩子發脾氣的媽媽會開始想：「我根本沒錯！錯的是不聽話的兒子！如果老公能多幫忙帶小孩，就不會搞成這樣了！所以老公也有錯！」請後輩喝酒的先生，要是回家被老婆念，便會惱羞成怒地反嗆：「妳知道和後輩搏感情是多麼重要的事情嗎？我在外面打拚得這麼辛苦，妳還這樣對我說話！是我在賺錢耶！」當然，將自己的行為正當化以後，罪惡感也會隨之增加，這點自不在話下。

這類**由「自我設限」衍生出來的罪惡感，會造成夫妻關係龜裂、讓自己不再那麼疼愛小孩等結果，成為人際關係惡化的要因**。

**心理師
想對你說**

由觀念衍生出來的罪惡感，會將自己的行為正當化，或是推卸責任，造成與對方的關係出現裂痕，甚至做出傷害對方的行為。

15 無法如父母所願的虧欠感

父母不幸福，都是我的錯？

在孩子的心目中，父母是「完美的存在」。

父母會做很多自己不會做的事，而且比自己高大，知道許多自己不知道的事情，因此，小孩挨父母罵時，會一味地認為：「都是因為我不好」。飯粒掉地上被罵，是我不好、不會收拾東西、衣服穿不好、沒有幫忙家事、忘記父母交代的事……全部都是我不好。

因此，當無法照父母說的去做時，年幼無知的我們便會心生罪惡感，責怪自己。

長大後，我們明白：「誰說一定要這樣」、「被罵只是因為父母心情不好」、「那是父母太嚴格了」，但小朋友不會明白這些。

「是我不好，才會被罵。」

「是我害媽媽心情不好。」

「是我不聽話，爸爸才會揍我。」

小朋友會這麼認為，因而產生罪惡感。小孩都很愛父母，最喜歡看到父母的笑容，要是父母表情黯淡，小朋友就會認為：「都是因為我不好。」**這種罪惡感，是因為太喜歡而產生的悲劇**。

父母的一切，小孩都會往心裡去

從前，有位當事人跟我說，他經營的公司業績不佳，再這樣虧損下去，恐怕逃不過倒閉的命運。他們夫妻倆每天都在談論日後的問題。當時，他們有一個五歲的女兒。

雖然兩人都盡量不在女兒面前露出愁容，但還是被發現了。

某天晚上，兩人正在討論資金周轉不靈的問題：「這個月的錢又不夠了，再這樣下去，真的會很慘。」這時，女兒從臥室裡走出來。

「妳還沒睡嗎？」太太問，女兒回答：「爸爸媽媽最近心情不好是我害的吧？是因為我在幼稚園不乖嗎？因為我沒聽媽媽的話嗎？對不起。我會當一個乖小孩，你們要趕快好起來。」

聽到這話，他大受打擊，彷彿被當頭棒喝。

「沒想到會讓心愛的女兒有這種想法……」

這件事讓他下定決心，為了讓公司經營下去，他更加賣力工作，終於擺脫倒閉的危機。他的女兒看到父母陰暗、悲傷、不安的表情，便認為都是自己不乖造成的。

這種事，只發生在這個家庭的女兒身上嗎？

不。我們在孩提時代，都有不少這樣的經驗。因為我們很愛父母，認為他們很偉大，所以，當他們顯得不幸福快樂時，我們就會認為是自己不乖造成的。

心理師想對你說

當心愛的人不快樂時，
我們會認為：「會不會是我害的？」而心懷罪惡感。
長大後，我們能夠客觀地看待整件事，
但在還無法理解世事的孩提時代，罪惡感便油然而生了。

罪惡感反過來幫你的行為正當化
● 感情不睦
● 顯得不幸福快樂
● 相處氣氛不和諧
是我害的嗎？？？

16 無法達到父母期待的「我」是個壞孩子？

越是「好孩子」，越有罪惡感

這裡要談的，和前一篇的話題有點類似，身為父母，或多或少都對心愛的小孩有所期待。「希望你將來能幸福快樂，所以你要考上好大學」、「希望你將來能當醫生或律師」等等。或者是，「希望你能自由自在過自己想過的生活」、「希望你能做自己喜歡做的事」等等。

不只如此，應該還有許多小小的期待吧。

「希望你不要和同學吵架」、「希望你能乖乖聽老師的話」、「希望你在學校不要惹麻煩」、「希望你能好好寫作業」、「希望你能考到好成績」、「希望你能幫媽媽的忙」、「希望你不會要求太貴的聖誕節禮物」等，父母對小孩的期待（有時是要求）真的很多。

小孩為了心愛的父母，會努力去滿足這些期待。可是，要滿足所有期待，終究是不可能的，於是產生了罪惡感。

「媽媽要我跟同學好好相處，我卻跟同學吵架了。」

「今天要交的作業，我忘記寫了。」

這些從大人的觀點來看，都是芝麻小事，但因為是父母期待的事，小孩沒做到就會心生罪惡感。

特別是，**「好孩子」會努力符合父母的所有期待**，也因此會出現很多無法符合期待的遺憾。**因為這個緣故，越是好孩子，就越會有罪惡感**。而且，這樣的好孩子，經常會在心中建立起另一個世界來逃避現實。

心理師想對你說

為了討父母歡心，小孩會努力符合父母的期待。
然而，要符合所有期待是不可能的，
小孩便因此懷有強烈的罪惡感。

17 逃避現實的第二個自己

「好人」內心深處的第二個自己

這裡說的**「第二個自己」**，指的是我個人提出的**「另一面」**。

符合父母期待的好小孩，長大成人後，多半也是社會上的好人。不過，一如先前所介紹的，越是乖小孩，越會懷有罪惡感，他們的內心世界經常與表面上的態度相反，不斷被強烈的自責煎熬著。

也就是說，在「受旁人歡迎的好人形象（表面）」背後，有另一張「內心世界的面貌」，**會用那一面來處理表面世界無法處理的壓力**。

比方說，貴婦順手牽羊被捕、平時為人老實且工作認真的職員卻因迷上酒家女而盜領公款等，這類新聞時有所聞，或許這也是「另一個自己」所造的業吧。

別當「好孩子」

有一位諮商客戶的先生是職場上的大好人，不但受到公認難相處的上司賞識，職場上的風評也很好，沒人會說他壞話。但是，因為好賭的關係，每個月薪水全都用在打小鋼珠，甚至還會偷拿老婆錢包裡的錢，沉迷於小鋼珠，過著不為外人所知的糜爛生活。

另一位氣質出眾的醫師娘，全身上下散發貴婦氣息，擁有高社經地位，也擔任當地婦女社團、學校家長會的幹部。但私底下卻與在交友網站上認識的數名男性發生性關係，深陷其中、無法自拔。

還有一位小姐，她小時候就背著父母的許多期待，而且不負期望地考上一流大學，進入大公司上班。在職場上，她也是一位締造佳績、被公司看好的菁英。可是，她從二十五歲起開始酗酒，過了三十歲，已經把身體搞壞了，被醫師建議在家休養。

表面上戴著好人面具而產生的罪惡感，變成了心理壓力，卻又無法在表面世界中妥善處理，於是產生在「其他地方」消除壓力的心理。當然，**在背地裡進行的賭博、複雜性關係、酗酒等，全都會帶來罪惡感。換句話說，他們消除壓力的方法又將製造出新的罪惡感，然後陷入惡性循環。**

晤談時，我會建議這些案主要先了解自己的這種狀況，擺脫罪惡感，同時，請他們**不要再當一個過度符合別人期待的「好孩子」**。請寬恕不完美的自己、怯弱的自己、笨拙的自己，好好過一個正常人的生活，逐漸改變那個讓你不得不躲起來偷偷消除壓力的環境。

心理師想對你說

「表面好人」的心中，累積了一堆罪惡感，
罪惡感又變成了壓力，
於是需要另一個出口來消除這些壓力。

過著以「第二個自己」處理壓力的生活

另一面

賭博、複雜性關係、酗酒、
劈腿、外遇、盜領公款等

在另一面，依然會有罪惡感產生

18 喪失界線的黏結關係

距離太緊密而想掙脫

自己與對方的心理界線消失，腦中不斷轉著對方的事，心理學上稱之為「黏結關係」（Enmeshed Relationship）。據說在日本，媽媽與孩子之間所衍生的黏結狀況相當多，而與有此問題的人談戀愛，也很容易發展成「黏結關係」。

此外，若成長過程中與父母一直處於沒有界線的狀態，長大以後，他所建立的人際關係也常有「黏結」傾向。

所謂「黏結關係」，心理學上以**「彷彿用黏著劑把彼此緊緊黏住的狀態」**來比喻。

我們都會想和心愛的人在一起，但要是連上廁所都要黏在一起，應該很煩吧？可是，

「黏結」的心理狀態是，腦中永遠想著對方的事情且揮之不去，執著的程度簡直像被附身了。

這麼一來，即便原本再怎麼喜歡對方，也會逐漸受不了而想逃。

然而，因為是用黏著劑牢牢黏住，不可能輕易逃開。於是，**越奮力想逃，就會發生越激烈的爭吵，甚至衍生出言語暴力、肢體暴力、職權騷擾、道德騷擾等狀況。**

凡事以對方為主，失去了自己

從前，有一位小姐跟我說：

「最近，我身體不太舒服，去了醫院，醫生說有必要做檢查，我就馬上做了，可是從那時候起，我常常覺得精神不濟。」

她看起來非常健康，於是我問：「咦？是嗎？可是妳看起來狀態很好啊，是哪裡不舒服呢？」她說：「不是啦，是我媽啦，我當然很健康啊。」

當出現「黏結關係」時，腦中會充滿了對方的事。這位小姐和母親兩人長期相依為命，不知不覺便滿腦子都是母親的事情了。結果就是，明明在說母親的事，卻說得好像是自己的事情。

情緒共有，徒增自責

曾有一位母親來做諮商時，說了這段話：

「我女兒要考大學，但她成績不好。每次要模擬考時，前一天我就開始睡不著，考好我就高興，考不好我就擔心死了。上一次的模擬考試成績很差，害我躺了好幾天都起不來。」

這位母親簡直認為要考試的不是女兒，而是自己了。

一旦變成「黏結關係」，與對方之間的界線便會消失，處於情緒共有的狀態。這麼一來，**不但會把對方當成自己，也會強烈受到對方情緒的影響**。換句話說，會跟著對方團團轉。

造成這種「黏結關係」的情緒之一，就是「罪惡感」。

前面提到的那個女兒，一直很擔心母親的病情，因此，要是出什麼事，就會心生罪惡感：「是我害的嗎？是因為我做了〇〇才這樣的嗎？」

此外，那位考生的母親會一直去想：「是因為我腦筋不好，我女兒才不會讀書嗎？」「是因為我的教育方式有問題，我女兒才會分數考得那麼差嗎？」亦即，對女兒懷有強烈的罪惡感。

用罪惡感連結的關係

伴侶、母子間的「黏結關係」中，
彼此的關係界線消失了，情緒也互相影響。

產生不倫戀的罪惡感

我再舉個更容易理解的例子，說明罪惡感製造「黏結關係」的過程。

以下是有著不倫戀關係的男女對話。

女：「你最近都沒打電話給我，是想怎樣？」

男：「哪有，我是工作太忙啦。而且，我們之間的關係好像被我老婆知道了。」

女：「跟那無關吧，如果你敢對我冷淡，我就跟你老婆說。」

男：「別那樣啦，那樣我會很慘的，對不起，我會多打電話給妳的。」

這種狀況應該很常見吧，男人為了不讓老婆知道自己偷吃，便會不斷討好小三，答應她的所有要求。這麼一來，男人在工作時、在家時，都會掛念著小三：「不知道她有沒有在生氣？今天下班回家的路上，我再打電話給她就沒事了吧？」

搞不倫戀的男人，本來便容易對老婆和小三都懷有罪惡感，加上小三這麼語帶威脅，男人的罪惡感就更深了。

於是，男人變得滿腦子都是小三，到達「黏結」的地步，而且小三也會時時注意男人的心有沒有在她身上，也就變成「黏結關係」了。

然後，儘管男人起初很努力討小三歡心，但久而久之，也覺得累了。

最後，男人抓狂了：「我已經夠努力了！妳有完沒完！」搞不好還會對小三做出言語暴力，甚至肢體暴力。

心理師想對你說

在彼此情緒共有的「黏結關係」中，罪惡感是很重要的因素。

一旦形成「黏結關係」，便會不斷想著對方的事，等於是過兩人份的生活，因此壓力大增。

19 藉由依賴麻痺罪惡感，難以自拔

由各種因素交織而成的罪惡感

與人產生心理上緊緊相黏的狀態，稱為「黏結」，那麼，當對象不是人，而是物的時候，就稱為「依賴」。當然，這種情況並未嚴重到有一個正式的病名，但心理上與某種事物「黏結」的案例實在相當多。

酒癮、工作狂、好賭、戀愛依賴、性愛依賴等，依賴的類型繁多，幾乎跟心理上與人的「黏結」沒兩樣。依賴的背景很複雜，不只有罪惡感而已，還有壓力、恐懼、不安等好幾個因素共同交織而成。

「一直這樣不做事、光賭博也不行吧。」

「不但會給家人添麻煩（亦即有了罪惡感），自己也很累，可是，我大概戒不了了吧……」面對小鋼珠機台，產生這樣的念頭。

雖然理智上明白，但卻戒不了，這樣的狀態也算是一種依賴，與「麻痺」心理也有關係。

引鴆止渴，自我麻痺

不僅罪惡感，所有情緒久而久之都會麻痺，最後就感覺不到了。

罪惡感這種情緒，起初會讓人有做了壞事的自覺，但一再發生後，我們會覺得「沒什麼大不了吧？」而予以正當化，然後逐漸感覺不到它的存在。因為不斷感覺到罪惡感會很痛苦，於是讓這種情緒麻痺、感覺不到。

問題是，麻痺只是感覺不到（變得無法識別）而已，並非消失。而且，是因為不想感覺到才讓它麻痺的，因此不得不繼續給予更強的刺激來使之麻痺。換句話說，是透過給予**更強烈的刺激——罪惡感**——來讓麻痺狀態持續下去，也就益發沉迷於賭博了。

變成工作狂而忽略家庭、酗酒、腳踏數條船、有性無愛的砲友關係等，從我們的「良心」來看，都是必會產生罪惡感的事。

正因為明白這是不好的事，更會受到「非麻痺這種罪惡感不可」的念頭所迫，結果反而一再沉迷下去了。這種自相矛盾的心理，總是潛藏於依賴之中。

心理師想對你說

當「黏結」的對象不是人而是物，這種情況稱為「依賴」。
心理依賴中藏有強烈的罪惡感，
但情緒這種東西，持續一段時間便會麻痺，
於是讓人做出會產生更大罪惡感的行為，
最後陷入加重依賴的惡性循環。

20 失去人際距離感的「黏結關係」

有著各種面貌的「黏結關係」

說到黏結關係，最常見的應該是媽媽與孩子間的黏結，除此之外，還有與父親的黏結、與情人的黏結、夫妻的黏結等。

不倫戀、受到阻撓的戀情等，也很容易產生黏結關係。

若從小就在一個有親子黏結關係的家庭中長大，這樣的小孩也會變成「黏結體質」，於是與戀人、工作等對象很容易會出現黏結情形。

通常，媽媽與孩子的黏結關係，多半情形下，母親與父親的感情並不好（心理距離大），以致原本黏結對象應該是丈夫（亦即父親），但後來轉向小孩。還有，**當母**

親屬於過度干涉、過度保護、愛操心、心靈脆弱的人，即便「對教養小孩沒興趣，採取放任態度」，也很容易變成黏結關係。

童年時代不覺得母親是過度干涉，以為「天下媽媽都是一樣的」而甘於承受，但距離太近，母親又情緒化地、歇斯底里地進行種種干涉後，便會常常感覺到壓力。

這點和前面介紹的「無法如母親所願，因而產生罪惡感」有關，過度干涉、過度保護、愛操心的父母，對小孩的要求總是特別多。於是，小孩會努力去滿足父母的要求與期待，不過，當無法全部達到要求時，便會產生罪惡感。

母親這邊即便表面看不出來，其實，內心也會對於過度要求小孩而懷有罪惡感，當彼此都有罪惡感時，便形成了黏結關係。

理性與情感的交戰，讓你無法脫離黏結

事實上，如果小孩不聽話就歇斯底里地爆氣、為了讓小孩順從自己的心意就煽動他的罪惡感，這樣的母親並不少，因為小孩還沒有足以獨立的謀生能力，結果，小孩就一直居於「母親的控制下」。於是，小孩不論做什麼都得看母親臉色，母親要是不答應，想做的事也沒辦法做。

不過，隨著小孩長大，這種受控制的黏結關係會越來越難以忍受，並開始出現所謂的「叛逆期」。小孩在青春期出現叛逆行為，就是想從母親身邊獨立了。

只是，這時候母親仍會歇斯底里地阻撓小孩獨立，使用各種情緒勒索、言語攻擊、正當化等手段，想將小孩繼續留在自己的控制下。因此，這時期的黏結程度越強，叛逆行為便越激烈。

或許你在青春期時也曾有過「想早點離開家」、「必須找到工作，趕快獨立才行」之類的想法。

此外，對於歇斯底里的母親，由於在「情感」上敵不過她，於是改採理性攻勢，擺出「就事論事」的態度來突破母親的盲點，或者採取「無視」的方式來阻斷她的情緒等，相信一定有人這樣做過吧。

問題是，即便這麼做而成功「獨立」了，但在情感上卻依然未切斷黏結狀態。

青春期時，如果硬要離開母親身邊獨立，心理狀態會形成一分為二的切離現象。也就是說，**會將自己分割成兩種狀態，一個是「大人的我」——與母親保持理性上的、物理上的距離；一個是「小孩的我」——與母親維持情感上的、心理上的黏結關係。**

這麼一來，在小孩心中便會頻頻出現自我矛盾的感受。理性上（意識層面）認為：「我已經跟母親沒關係了，我們之間保持距離，我不必再聽母親的話，不再受到她的影響。」也真的可以過著不必時時顧慮母親想法的生活。然而，只要母親一打電話來，內心便起波動。要是她拜託（或是命令）做什麼事，雖然不開心，依然會覺得不遵命不行。

而且，即便理性上認為：「不必管她。」還是會覺得：「要是這樣做，對媽媽不好意思。」「媽媽好可憐喔。」於是，又像童年時代那樣聽媽媽的話了。

「害怕親密感」而無法縮短與人的距離

處於這樣的心理狀態，就會出現所謂的**「恐懼親密感」**。**這類人由於心中認為親密的關係就等於黏結關係，因此無法縮短與他人之間過度疏遠的距離**。

這種狀況特別會影響到伴侶關係。明明喜歡對方，卻無法接近他，或是一接近就想逃，導致「明明想和喜歡的人在一起，卻偏偏做不到」。

這種害怕親密感的問題，經常在我的晤談中出現，我想也是這個時代常見的一種現象吧。如果再把事情說得複雜一點，就是「大人的我」有大人的感性，「小孩的我」也有小孩的理性。

於是，只要「母親打電話過來」，心中就會出現以下這些想法：

「大人的我」以理性判斷——不理她就好了。

「大人的我」以感性思考——啊，好煩啊，真討厭，可是又覺得她好可憐。

「小孩的我」以理性判斷——照媽媽的話去做就好了！

「小孩的我」以感性思考——媽媽怎麼了？是不是出了什麼事？好擔心啊。

諸如此類，各種想法在你心中交錯，混亂不已。

這是以母子關係為例，另外，「與渣男分手，但還是忘不了他」、「另有心怡的工作，但對現在的公司懷有強烈罪惡感，因此無法開口說要換工作」等，可以說都是一樣的問題。

這種模式的麻煩在於，**用「理性（顯意識層面）」與用「感性（潛意識層面）」所獲得的認知會不同。**

因此，為什麼無法和伴侶相親相愛？為什麼無法縮短與別人的距離？為什麼持續依賴刺激強的東西？到頭來，連自己也搞不清楚了。

心理師想對你說

與母親處於黏結關係，
在青春期開始想獨立時，便會激烈地反抗母親。
然而，如此強行獨立後，理性上雖與母親保持距離，
感性上卻仍與母親維持著黏結關係，
於是經常陷入自我矛盾中。

童年時代的我無法解決黏結問題

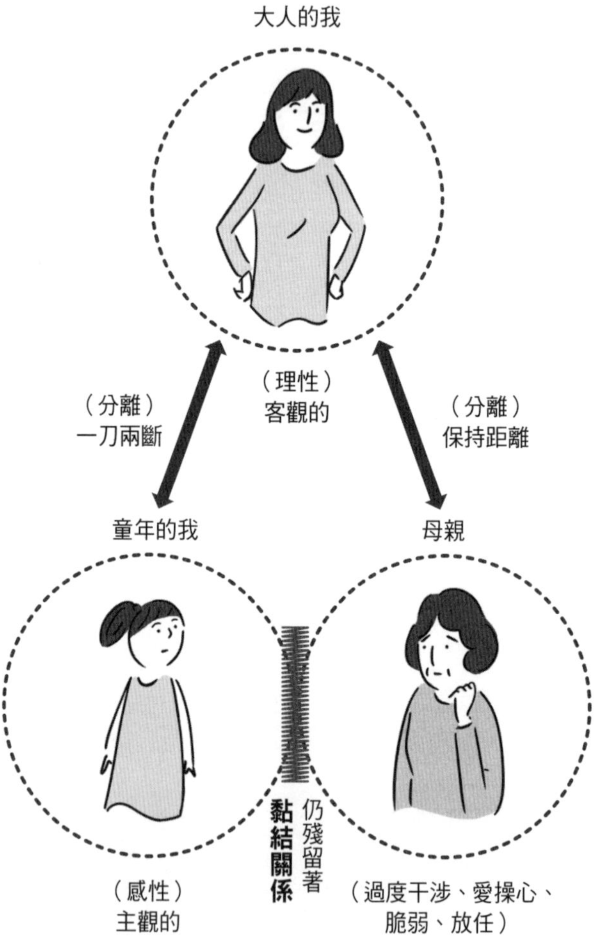

21 對自己的長處感到自責

無法發揮所長而感到愧疚

善體人意、溫柔、聰明、容易得人疼愛、樂觀進取、外貌出眾、富有魅力……，每個人都有各種長處。

不論你自己認不認同，你一定有許多長處，而且，即便你不認為那是長處，你周遭的人也會注意到這些長處。因此，想要多發現自己的長處，建議你不妨問問你身邊的人：「我的長處是什麼？」擁有許多長處的你，如果無法適時發揮所長的話，就會產生強烈的罪惡感。

例如：你的長處是「很會照顧人」。當你發現職場上的後輩有困難，你會主動詢問：「還好嗎？要不要我幫忙？」後輩自不在話下，你周遭的人也都受過你的照顧。

不過，有一次，你碰上煩人的事而心浮氣躁，偏偏這種時候看見後輩工作上遇到困難。要是平常的話，你會開口關心，但這時，因為心浮氣躁，便想：「今天他得自己想辦法搞定，要是以為我會幫忙，那就錯了。」直接忽略。但下班回家路上，又突然想起後輩的事。

「我沒理他，他沒事吧？沒陷入困境中吧？雖說我當時心煩意亂，但我應該開口關心一下他的。」這時，你感受到的情緒，就是罪惡感。

如果你沒有「很會照顧人」這項長處，便不會有這種想法了。**正因為你有這種長處，才會產生罪惡感**。

當然，你根本沒必要有罪惡感。你也是人，難免有心浮氣躁、無暇顧及他人的時候，不可能永遠都能發揮「很會照顧人」的長處，但罪惡感就是會在這種時候悄悄潛入你的心中。像這樣，當我們無法發揮自己的長處時，便會產生強烈的罪惡感。

反過來說，**如果你遇上讓你產生罪惡感的事，你也可以逆推回去，發現自己的長**

處。因此，我們心理諮商師在碰到案主為罪惡感所苦時，有時會告訴他：「這不正是你的長處嗎？就是因為你無法見死不救，你很會照顧人，才會為此苦惱的。」

心理師想對你說

心地善良的人，當無法對人示出善意時，
便會心生罪惡感。
諸如此類，一般人都有的長處，
很多時候反將變成產生罪惡感的因素。

22 無法去愛，而想懲罰自己

罪惡感麻痺，愛也會麻痺

當我們「無法愛人」，亦即「無法對我們心愛的人付出愛」，這會讓我們感到最深切的罪惡感。我們天生就有強烈的「愛人」欲望，強烈到可以說，我們是「為了愛人而來到這世間」的。

因此，當我們傷害心愛的人時，我們會感到強烈的罪惡感而自責，當看到心愛的人受苦，我們也會心生罪惡感，責怪沒用的自己。

當罪惡感越來越強烈，便會逐漸麻痺而感覺不到。這就是「無法愛人所產生的罪惡感」，也因此會逐漸感覺不到愛。我有時會看到「無法愛任何人」、「覺得自己沒什麼愛」的人，推測那是處於罪惡感麻痺，以致愛也麻痺的狀態吧。

儘管長大成人後，這些記憶會變淡，可我們本來就是深愛父母的，因此，當父母一天到晚爭吵，或是顯得不太幸福時，我們便會覺得那是我們的責任而懷抱罪惡感。也因此，小孩都很喜歡幫助父母，立志成為父母的好幫手。但是，小孩的這種心思，父母通常無法領會。**父母也是，正因為愛著小孩，當無法好好愛他們，或是變得情緒化時，便會產生強烈的罪惡感。**

可以說，正因為彼此相愛，才會產生罪惡感。結果是，兩個有罪惡感的人相結合，形成黏結關係，這點之前已經說明過了。

越是想愛，越是無法好好地愛

伴侶關係、朋友關係，乃至職場上的人際關係等各種場合，都會發生這樣的事。

有時，無法幫助愛人的罪惡感，反而會讓人衍生想破壞關係的衝動，有時，罪惡感還會讓人懲罰自己而拒絕交朋友。

此外，儘管通常意識不到，**這樣的罪惡感會讓人在職場上招來傷害自己的人際關係，而且這種例子不乏多見。**下一節我還會詳加介紹，總之，擁有強烈的愛，而且越想愛人越是無法愛人的話，就會抱持強烈的罪惡感，逐漸構築起無法幸福快樂的人際關係。

心理師想對你說

我們都有「想愛人」的本能。
因此，當我們無法愛人、愛人不幸福快樂時，
我們便會產生罪惡感。
因此，懷有罪惡感的人際關係中，必定存在著愛。

23 愛與罪惡感成正比

愛越強烈，罪惡感就越強烈

比方說，當孩子發生什麼意外時，很多母親會心想：「是我害的……」懷有強烈的罪惡感。這是因為母親相當愛著孩子的關係。還有，忍痛選擇與心愛的戀人分手時，心想：「都是因為我做了這麼過分的事，我從此以後再也沒資格獲得幸福了。」而心懷罪惡感，也是因為你相當愛著對方的緣故。

我經常聽到這樣的事，於是開始認為，正因為愛得太強烈，所以容易產生強烈的罪惡感。換句話說，**罪惡感與愛的分量成正比**。

因此，如果你對某事懷有強烈的罪惡感，表示你也對那件事懷有同樣強烈的愛。

因父母不合而自責，拒幸福於門外

有位小姐老是談那種「不會快樂的戀愛」，我看出她一副深以為「我不可以幸福」、「我沒有快樂的資格」，便決定找出原因。

於是，我們開始聊她的童年往事。

從小，她的父母經常吵架。父親其實是個很溫和的人，但個性脆弱，經常酗酒，三杯黃湯下肚便開始痛罵母親，有時還會動起拳頭。母親本來是個很開朗的人，但個性不服輸，經常指責父親，此時，父親便會抓狂而暴力相向。她好幾次看見母親在廁所哭泣，心痛不已。

到了她青春期的時候，父母依然每天吵得不可開交，為此，她曾力勸父母離婚。而原本開朗的母親在家老是悶悶不樂，愁容滿面。

看到這種狀況，這位小姐感到莫可奈何的無力感，經常自責：「我沒辦法幫助爸媽，沒辦法讓媽媽展露笑容，我是個沒用的人。」每當父母開始吵架，她便擺脫不了「我幫不上忙，我使不上力」的罪惡感。這種經驗深深植入她的潛意識中，讓她產生執念：「不能幫助父母的我，根本沒資格獲得幸福。」

當然，她本人並未意識到這種罪惡感、無力感。但只要聽她說話，就能知道她有多麼愛她的父母，多麼想幫助他們。她因為懷抱著無法幫助父母的罪惡感，於是拒絕讓自己獲得幸福快樂。

我對她的建議是：**不要把這股感受與罪惡感連結，而是與愛連結**。

她已經想方設法讓父母和好、已經安慰了哭泣的母親、已經挺身面對暴力相向的父親……我告訴她，或許她不能讓父母重修舊好，但**這些完全是她出於愛所採取的行動，一點錯也沒有**。

我對她說，只有她獲得幸福快樂，她才能夠幫助父母。

「妳想想看，當妳有了幸福美滿的婚姻，妳才能自信滿滿地說：『我今天所擁有的一切，都是爸爸、媽媽給我的！』不是嗎？當妳的父母聽到這句話，會怎麼想呢？他們應該會覺得，他們得到了妳的原諒，並會以妳這個女兒為榮吧。」

愛與罪惡感的關係

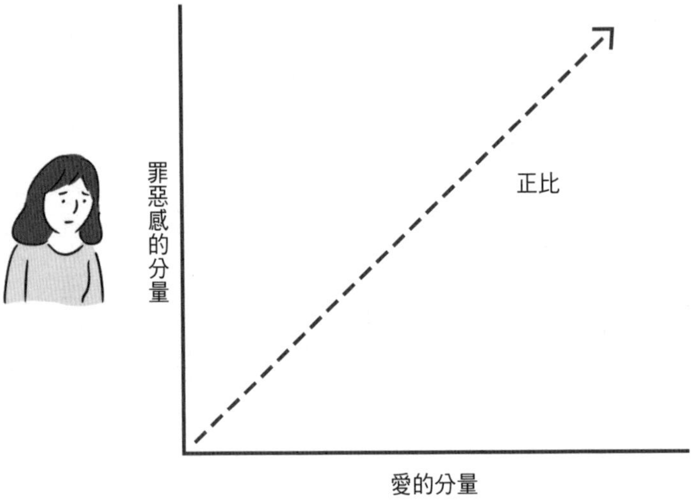

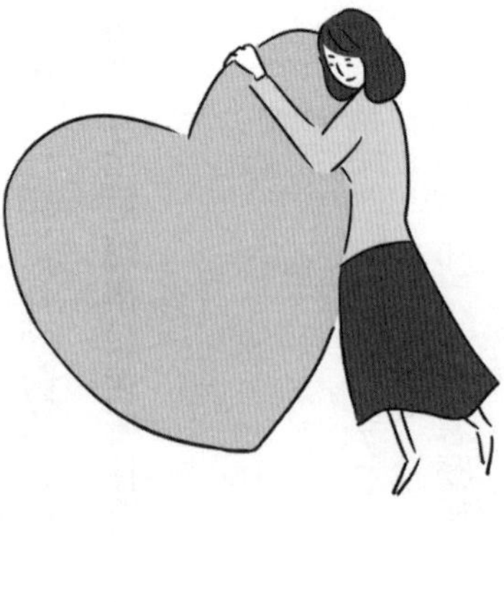

**心理師
想對你說**

愛越強烈，罪惡感便越強烈。
不要聚焦於罪惡感，而是聚焦於罪惡感後面的那份愛，
你就會原諒自己，並允許自己獲得幸福。

24 罪惡感讓人變成一座孤島

「沒臉見人」的悲慘想法，製造出人際困境

越是抱持著「我是個壞蛋」的想法，與人見面時，越會有被責備的感覺。尤其對溫和的人、好人、笑臉迎人的人，更有這種恐懼感。

C是個喜歡賭博的男人，賽馬、賽艇等都賭過一輪了，起初只是用零用錢小玩一下而已，但隨著工作壓力越來越大，賭金便越下越多，朋友及家人都不斷勸阻他。

他也知道這樣不好（亦即，確實有罪惡感），但由於找不到其他消除壓力的方法，於是一邊敷衍旁人：「嗯，好吧，我過兩天就戒了！」一邊繼續去小鋼珠店。家人和朋友的勸告越來越頻繁，但他仍然戒不了，有時，一發薪水就全部丟進去，逐漸造成

旁人的困擾。於是，他開始與老朋友們保持距離，不但拒絕跟他們出去玩，最後連電話都不接。「又要聽他們嘮叨，真討厭。」除了這樣想，他也深切感覺到：「我做了這麼多壞事，沒臉見朋友。」換句話說，他心中的罪惡感越來越膨脹。

接著，連對家人都保持距離。他和爸媽住在一起，卻整天刻意避不見面。最後，他也和女友分手了。原本已經訂婚，但每天過著滿懷罪惡感的日子，深信對方與自己結婚也不會幸福，於是跟對方提分手。

等回過神來，已是孤獨一人。因為罪惡感作祟，讓他逐漸切斷了人際關係。

諸如此類，罪惡感這種情緒會讓人產生**「我沒臉見人，愧對大家」**這種悲慘的想法。結果，因為不想感覺到這種悲慘及罪惡感，於是開始逃離人群，變得與世隔絕了。

心理師想對你說

有了罪惡感，不論旁人說什麼、做什麼，你都會以為是在責備你，於是開始與之保持距離，最後變成孤獨一人。

STEP 2

消除不必要的罪惡感，
不再為難自己

第 4 章

坦然接受抱持罪惡感的自己

25 自我本位思考，拿回人生主導權

以「他人本位」過活，跟著別人的問題團團轉

接下來，我要跟大家介紹「不為難自己的方法」，但在此之前，必須先建立「問題是自己製造出來的」這種以自己為主體的意識，因此我要從這點開始談起。

通常，我們聽到的「問題」，大多是從「外界」過來的。例如：發語詞通常是「老公……」、「公司……」、「爸媽……」、「錢……」，感覺問題並不在自己，而在外界。**如果問題在外界，就表示自己沒錯，那麼就會對別人說：「你要改一改喔！」而企圖控制別人、控制狀況**。有時，還會把自己當成受害者，把對方當成加害者。

這種態度叫做**「他人本位」**。從主語是自己以外的他人這點就知道，這時，人生

的主人已經拱手讓給別人了。反之，「這是我自己的人生，我才是主人。」這種把自己當主人的生活方式、思考方式，叫做**「自我本位」**。

「自我本位」的人生是正向積極、靈活應變、自動自發的。這種狀態十分自由且具創造性，不受旁人或周遭狀況左右，因此能夠隨時做自己。

「他人本位」的話，會責怪對方、控制對方，而且會因不安而痛苦，另一方面，**由於不必自己主動，也算是某種意義的「輕鬆」**。因此，不知不覺地，或者即便心裡明白，我們還是常常變成「他人本位」。

「公司要是多幫我一點就好了。」
「上司要是再加把勁就好了。」
「老公要是再更有出息一點就好了。」
「女友要是再機靈一點就好了。」

這麼想，等於認為：「是公司和上司不好，公司和上司必須改變才行。」那麼，自己不改變也就無所謂了。

這種時候，我們必須注意到，把事情當「問題」看的不是別人，正是「我自己」。應該這麼想才對：公司也好、上司也好、女友也好，「都只是幫我按下開關、讓我發現問題的角色罷了。」

以「自我本位」坦然接受「這是我自己的問題」

假設，現在的狀況是——「老公外遇又欠了一屁股債，還大鬧離婚，滿嘴髒話！」

這種狀況把自己當被害者也無妨，但若要自己做主的解決問題，就要採取「自己本位」，認為：「這件事和老公無關，是我自己本身的問題。」

因為，是不是問題，端看自己的態度。

如果妳「年收高達一億日圓，然後偷偷跟一個小妳一輪的小鮮肉來往，並且暗中計畫離婚」的話，那種狀況還會是問題嗎？恐怕是「順水推舟」，妳內心竊喜都來不及呢。

然而，如果妳的想法是：「雖然老公這樣，我還是很愛他，根本不想離開他。」那就問題大了。換句話說，該狀況會不會變成問題，是「由我來決定」的。

此外，假設你突然被告知：「公司要裁員，你做到這個月底就不必來了。」

這時，你如果這樣想：「我簽了三十五年的貸款，才付了第二年，有兩個兒子，一個小四、一個小二，日後的教育費、生活費還很燒錢，而且，我沒有像樣的技能，很難換工作，也沒辦法自己創業。」那就會是個大問題。

不過，如果你的想法是：「我一直在找獨立創業的機會，但老是下不了決心，提不起勇氣。這時候，公司宣告裁員，應該是老天從背後推我一把，要我踏出第一步。」那麼，被公司裁員根本不是問題，甚至會成為你的一股助力。

也就是說，老公如何如何、公司如何如何，都是一種讓你面對問題的契機，可解釋成是一種善意的提醒者。再說，如果你能克服這些問題，你會更進步、更有魅力，能過自己想過的人生，因此，也可以解釋成，他們是幫助你更加成長的貴人。

或許當下你無法立即轉念過來，但是，請至少有這樣的認知：**「將事情當成問題（煩惱）的不是別人，是我自己。」**

至於這些事情為何會變成問題，這個往下探究的工作，就是心理諮商（心理分析），而在這段過程中，「罪惡感」總是經常浮現。

心理師想對你說

當發生問題時，不要認為是別人的錯，而是當成自己本身的問題，亦即改變意識，從「他人本位」變成「自我本位」，這樣就能自己面對問題，以自己的方法解決。

「他人本位」與「自我本位」的差別

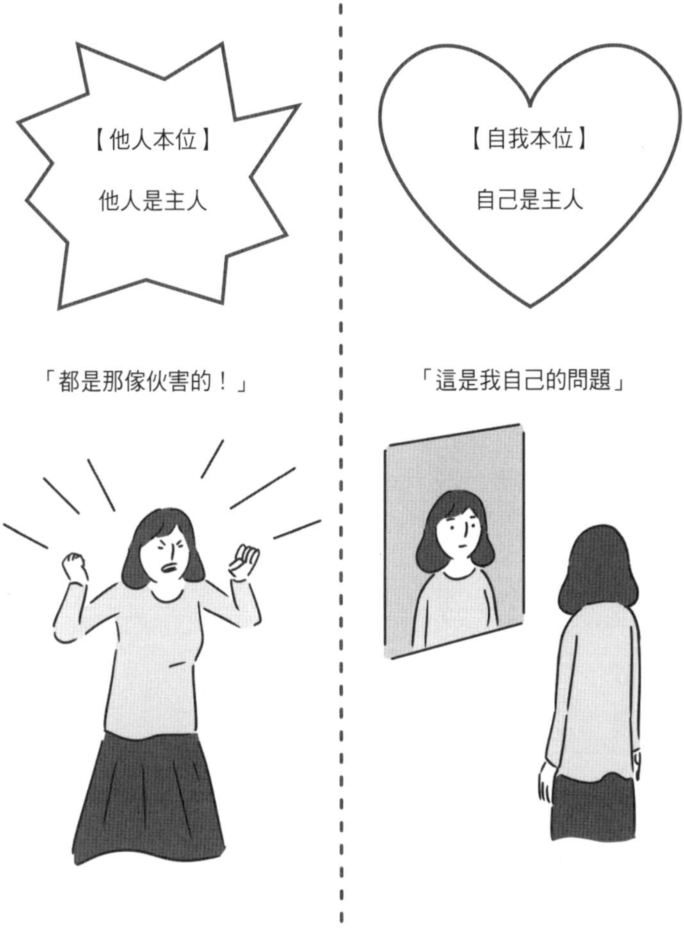

以自己或以他人為主，言行態度將隨之改變

26 確立自我本位的五個方法

不要交由對方去解決問題

關於「自我本位」及「他人本位」，我們再來看一些具體的例子。

採取「他人本位」的生活態度時，碰到問題會解釋成：**「我沒有錯，是對方不對。」**將問題交由對方去解決。這麼一來，對方能解決問題就好，否則，你將一直等，等得不耐煩，這段等待期間，你就會心浮氣躁，並被對方的言行耍得團團轉。

比方說，我常常遇到這種案例：「我老公搞外遇。犯錯的是他，因此，他必須徹底斷開那個小三，並且向我賠罪、贖罪。」或許法律上、社會上、倫理上的確如此，但以這種態度面對，問題並不能解決。

而且，即便老公徹底反省，並與小三分手，回到妳的身邊，妳依然會不安：「他會不會又搞外遇？」、「他會不會又背叛我？」而監視他、綁住他，這會用掉妳龐大的心力。這樣算是真的解決問題了嗎？

採取「自我本位」的生活態度時，面對這種狀況便會思考：「為什麼我認為現在必須解決老公的外遇問題？更進一步地說，為什麼我會讓老公搞出外遇問題呢？」會自己面對問題。

採取這種態度，就能好好自我反省了。

「對於老公的愛，我是不是一直覺得太理所當然了？」

「是不是我太自信，覺得這個人不可能搞外遇，而把身為妻子該做的事情給疏忽了？」

「我是不是把老公當父母般依賴，沒顧慮到他的心情？」

「我常對老公使性子，是不是造成他的精神負擔過重？」

「是不是我只想著被愛，都沒想到要愛人？」

像這樣，以自身立場出發，思考原因是否出在自己身上才導致老公外遇，進而解決問題。

所有問題雙方各負一半責任

我在做心理諮商時，如果遇到這類問題，大致上聽完案主的訴苦後，我會要對方思考：「是不是有什麼讓先生不得不搞外遇的事情呢？」

當然，我不是指摘「太太不對」。**我的看法是，所謂「一個銅板敲不響」，所有問題都是雙方各負一半責任，是對等公平的**。雖然先生做錯了，但太太這邊肯定也有應該檢討的地方，才會走到今天這個地步。

而且，「老公之所以搞外遇，都是因為我太寵他了吧？」如果這樣怪罪自己，便會產生罪惡感而強烈自責。

關於這個問題，我的建議是，應該採取積極正向的看法，把它視為一個讓自己更進步、讓雙方關係更融洽的課題，也就是用「自我本位」的態度來面對。那樣將導致反效果。

關於「自我本位」的確立方法，這裡介紹幾個簡單的方法。

1. 與對方之間畫出明確的界線

例如：「我是我，老公是老公」，把對方放進來，然後不斷地宣稱這句話（也稱作「肯定的暗示」。請參考「31 為自己宣讀〈無罪宣言〉」）

2. 將主詞明確設定為「我」

採取「他人本位」時，主語就變成他人了。因此，要把主語設定成「我」，談話時、

責備自己，就不是以「自我本位」過生活了

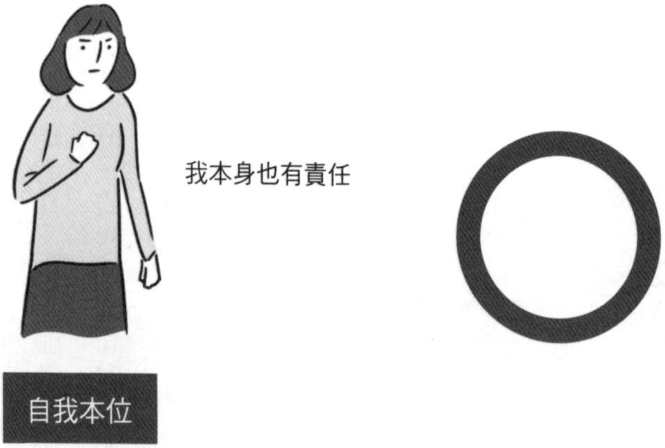

必須將問題視為自己該面對的課題，然後思考解決之道。

思考時，都用「我」為出發點的方式，例如：「我現在想吃巧克力」、「我現在很難過」、「我要去買東西」，將平時不太會意識到的主詞明確地設定為「我」，就比較容易建立「自我本位」。

3. 做當下能夠做的事

找出當下能夠做的事，然後採取行動。但不是要你找出非常偉大的事，而是從簡單的事情著手，例如：拍手、唱歌、洗碗、塗鴨、泡茶等。

如果能意識到這些「當下能夠做的事」，並且每天確實進行，就能夠將意識導向自我，進而確立「自我本位」。

4. 時常讚美自己

這個方法也能提高自我肯定感。請時時提醒自己，多多讚美自己。

建議大家寫「讚美日記」，一天寫五件讚美自己的事，內容不拘，只要能夠持之以恆，你會越來越喜歡自己，越常面帶笑容，最後便能確立「自我本位」。

5. 劃分「做得到的事」與「做不到的事」

「那件事，我做得到嗎？」有時，我們會如此質疑自己。採取「他人本位」時，由於以對方為主，會連對方的問題也設法承擔下來。當然，這種情況，很多是從罪惡感衍生出來的補償行為。

「對方的心情根本不是我能左右的，這是我無法影響的事。」

「要考試的人是女兒，我只能在旁邊當啦啦隊。」

諸如此類，確實區分出「做得到的事」與「做不到的事」，就能將注意力放在自己身上，進而確立「自我本位」。

其他還有很多方法，只要找出「應該做得到」的方法，然後每天做一件，持續下去，這就是迅速確立「自我本位」的要訣。

心理師想對你說

所有問題都是「公平對等」的，不要認為是單方面的錯，這樣才能積極正向地解決事情。
因此，確立「自我本位」十分重要。
請隨時保持「我要……」這種以「我」為主語的意識。

27 對事不對人，擺脫不必要的自責

讓你無法擺脫罪惡感的思維方式

前面提到過，碰到問題時，若覺得：「這是我害的吧？」便是罪惡感作祟的證據，表示存在於你內心深處的自責感藉機浮上檯面。因此，只要療癒罪惡感，就有可能解決問題。

不過，有一點你必須特別注意，認為「是我造成的」，自責「都是我不好」、「我必須設法解決」而承擔問題，其實是沒必要的。

自責「是我造成的」，與「原因出在我這邊」這種「自我本位」態度完全不同。

當你處於被罪惡感操弄的狀態，你就會自責：「全都是我不好，全都是我害的。」

而且，即便旁人已經原諒你，罪惡感仍會讓你不斷自責，讓你覺得：「不可能，犯了這種錯的我不可能獲得原諒。」因而永遠無法從罪惡感中解脫出來。

換句話說，即便別人已經原諒我們，要是我們不肯原諒自己，就無法擺脫罪惡感。

客觀看問題，避開自責陷阱

「原因出在我這邊」這種「自我本位」態度，並不是受制於罪惡感，而是客觀地看待自己。亦即，不會怪罪自己。

不過，這時候，罪惡感會巧妙地對你展開攻擊，方法之一就是讓別人來指摘你：「是你不好！」「是你害的！」

當我們認為「原因出在我這邊」的時候，如果別人主張「那就該由你負起責任」，我們便會不小心掉進罪惡感的陷阱中。

而且，即便我們主張：「不對！不是我的錯！只是原因出在我這邊而已！」對方也無法理解吧，搞不好反而惹火對方，讓他以為：「自己做錯事還在硬拗！」

這時候，應該誠摯地表達歉意，但**展現「不因為罪惡感而自責」的態度，才是以「自我本位」解決問題的正確之道**。分寸的拿捏必須恰到好處才行，總之，只要能夠以「自我本位」過生活，你就能將「對事不對人」的態度套用在自己身上了。

心理師想對你說

碰到問題時，沒必要出於罪惡感而自責：「是我不好。」
只要能夠採取「自我本位」態度，
便會思考：「是我做了什麼才發生問題的呢？」
不會否定自己，而會正向地面對問題。

28 原諒自己是最重要的起點

不原諒自己，問題不會解決

因犯錯而心生罪惡感時，大概都會責備犯錯的自己，而且，如果已經傷害對方，便會採取某種行為來補償該痛苦。不過，若非惡意，而是一種失誤，那麼犯錯的行為該受到嚴厲譴責嗎？

況且，你出於罪惡感而自責，不斷做出補償行為，甚至到了連對方都說：「夠了夠了，我原諒你啦。」的程度。一如之前介紹的，如果你不原諒自己，就會不斷自責下去。

獲得對方的諒解，多少具有減輕罪惡感的效果，但不會徹底解決。如果「自責等於持續傷害自己」，即便對方已經原諒你，問題依然沒有解決。因為，你一點都不幸福快樂。

「原諒自己」比什麼都重要。換句話說，「療癒罪惡感」的意思，等同於「原諒自己」。

心理師想對你說

即便獲得原諒，如果你自己不接受，繼續自責的情況就不會改變。原諒自己，才能療癒罪惡感。

29 用旁人觀點看待內心的罪惡感

不說出傷害自己的話

罪惡感纏身時，你會認為自己是個「壞蛋」而懲罰自己。

我常在研討會上說：「**如果把你對自己說的話拿來對別人說，會怎麼樣呢？很可能會形成一種毀謗，搞不好還會構成傷害罪。**」這樣形容，你心裡有數了嗎？

當別人犯錯時，你會體貼地說：「沒關係。」若是自己犯錯，卻會對自己說：「你在搞什麼！真是個沒用的傢伙！這樣會給別人造成多大困擾，你真是個笨蛋！」你是不是也這樣呢？還是說，你對自己說出更難聽的話呢？

因為內心抱持著罪惡感後，對自己的飆罵都會很難聽。在旁人眼中個性溫和，卻在內心把自己罵到臭頭的人並不罕見。由於我們的內心世界別人看不見，即便做出近似霸凌的言語暴力也不會被發現，因此我們總會盡情地自責到滿意為止。

當你停止對自己說出自責的、嚴重傷害自己的話，就是「原諒自己」了。

自我肯定：「這就是現在的我」

停止對自己說出惡毒的話，當然是一種好的決心，但是，要戒掉這種長年積習並不容易，弄不好，還會變成「想戒又戒不掉」，製造出新的自責。這種時候，建議對自己說出這句富有自我肯定感的話：「這就是現在的我。」

工作上犯錯而想要自責時，就對自己說：「這就是現在的我啊，我也沒輒呢。」完全接受當下的自己。當然，說這句話時，心情沒跟上也沒關係，即便只是像背台詞那樣不帶情緒地背出來也無妨。

心生罪惡感而想自責時，只要喃喃自語（在心中說）：「這就是現在的我。」就能讓你「原諒當下的自己」。

像對待朋友、後輩那樣對待自己

如前面所說，對別人犯的錯，我們會寬容以待地說：「沒關係。」其實，這個舉動也可以應用在自己身上，變成一種「原諒自己」的簡易訓練方式，亦即——「**用你會對別人說的話來對自己說**」。

例如：你犯了錯，因為罪惡感而想自責時，先踩剎車，然後想一想：「如果是朋友和後輩犯了同樣的錯，你會說什麼？」

如果你認為你會說：「沒關係！」就對自己說這句話。

這種方法無法立即見效，剛開始還會說得很不自然，不能坦然接受，但這些都無所謂。只要想到就對自己這麼說，你便會感受到自己的心情輕鬆多了。

心理師想對你說

養成習慣，對自己說：「這就是現在的我。」
像對待朋友、後輩那樣對待自己。
你就能改掉因罪惡感而自責的毛病了。

30 當個情緒衝浪高手

駕馭情緒波浪，客觀看待心情

你都是如何對待「自己」的呢？

我們都有「情緒」這種無法用道理控制的東西，「明明今天要很認真努力的，卻提不起勁」、「明明這時候要很溫柔的，卻發飆了」、「他對我這麼好，我應該感謝他才對，卻一直要他為我做更多、更愛我」等，我們常常抱著這樣的心理矛盾吧。

然後，罪惡感悄悄襲來，「我不夠努力，對不起」、「我亂發脾氣了，對不起」、「我貪得無厭，對不起」等，就這樣養成了自我責備的習慣。

自我肯定感就是要我們接受「這就是現在的我」。而要這樣接受自己，就必須好好駕馭「情緒」。

我們的情緒一如波浪，時時起伏不定，有好的時候，也有不好的時候。尤其女性，據說感受到的情緒是男性的五至十倍，很容易陷入情緒波浪的翻攪中。人們在不知不覺中，被「必須控制情緒」這種觀念束縛，並對不受控的情緒產生強烈的否定性思維。

遺憾的是，情緒波浪很難透過理智來控制，但只要能提升自我肯定感，就能像衝浪般順利乘風破浪了。

因此，我在研討會等場合，都會建議大家：「**請想像自己是一名很會乘風破浪的情緒衝浪高手！**」就像衝浪者邊划水邊觀察波浪般，你也要客觀地觀察此刻的情緒，接受它，但不要被它吞沒。

再者，建議你像「實況轉播」般觀察自己的心。

「拿不出合乎客戶期待的提案，覺得很不甘心、很抱歉，覺得自己好丟臉啊。擔心這樣下去會不會把生意搞砸了，於是害怕向上司報告。我以為我已經努力思考

如衝浪般，衝越情緒的浪頭

這樣的自己也 OK ！

對策了，當上司問我：『要我幫忙嗎？』我乖乖聽話不就沒事了，真的好後悔啊。想到還得跟上司報告，就覺得心情好沉重。」

客觀地觀察自己的心情，便不會被情緒波浪給淹沒，也不會否定自己，還可能緩和各種指摘。話雖如此，偶爾遇到突來的滔天巨浪，要客觀地觀察情緒恐怕很困難。

因此，趁做得到的時候，像這樣觀察自己的心情起伏，久而久之，便能夠好好與自己相處、駕馭情緒。尤其罪惡感這種情緒會立刻製造出自我否定的念頭，因此，只要學會觀察情緒的方法，就能避免傷害自己。

心理師想對你說

我們都有理性無法控制的「情緒」，
而且經常被它耍得團團轉。
但是，只要能夠客觀地觀察情緒，
就能好好駕馭它。

31 為自己宣讀〈無罪宣言〉

將肯定的暗示送進潛意識

什麼是療癒罪惡感、原諒自己、不為難自己的簡易方法？我常向大家推薦「肯定的暗示」（affirmation）。

「肯定的暗示」這種方法，就是一再一再地發出聲音，跟自己說話，將這些話慢慢送進潛意識中，使之發揮效果。這種方法也不會有即效性，但就像在泥土中播種、澆水般，只要孜孜不倦，總會有萌芽、開花的一天。

這裡介紹的「肯定的暗示」，可說是一種「無罪宣言」，至今已有許多人嘗試過這種方法了。罪惡感越強的人，起初越會心生抵抗，有時還會淚流滿面，但多說幾次後，便會發現內心不可思議地平靜，感到輕鬆。以下的〈無罪宣言〉，請務必發出聲音，多說幾次看看。

〈無罪宣言〉

我要原諒我自己。
我是無罪的。
我的罪全部獲得原諒了。
我的牢房大門已經敞開，
我可以在天空自由翱翔。
我愛我自己。
我已經無罪了。

心懷罪惡感，你就無法原諒自己。於是，你會獨自背起罪過，將自己囚禁在牢房裡，不斷懲罰自己。換句話說，你讓自己處於越來越不自由的狀態。

「肯定的暗示」能讓你從牢房中解放出來，允許你在天空自在翱翔。

不帶情緒地念出來

罪惡感強烈的人，多半無法順利將「我是無罪的」說出口，我的建議是，請盡量淡然地，不帶情緒地說出來即可，就像是念祈禱文、誦經般的感覺。

或許你想充滿情感地念出來，但這麼一來，情緒（特別是罪惡感）容易波動，產生反抗這段話的心理矛盾，結果，光是做「肯定的暗示」這件事就夠你辛苦了。

我開了一些以罪惡感為主題的課程，有一位學員剛開始念這段〈無罪宣言〉時，一點聲音都發不出來。她長年因罪惡感而不斷傷害自己，對於要宣告自己無罪這件事，內心起了猛烈的抵抗，整堂課上，始終淚流不止。但她依然很努力地繼續進行「肯定的暗示」。

數週後，這位學員眼睛閃亮亮地跟我說：

「我覺得最近身體變輕了，好像肩膀上的重擔卸下來般，真的好輕鬆。很驚訝呢。而且，我注意到，我幾乎不會自責了。想要自責時，會立刻冒出『我是無罪的』這句話，於是及時踩剎車！」

比起第一次在課堂上見面時，她的表情的確輕鬆多了，給我一種改頭換面的印象。

心理師想對你說

只要持續對自己進行「我是無罪的」這種「肯定的暗示」，就能從罪惡感中解脫，心情輕鬆，不再自責。

第 5 章

相信自己值得被愛

32 一天寫一封感謝信

罪惡感造成夫妻關係龜裂

罪惡感強烈而自責時，會有「對不起」、「抱歉」等想法，但無法說出「謝謝」這個感謝詞。

我來介紹一位男士的案例吧。

他從事金融業，平日工作相當努力認真，也闖出了相當的成績，在職場上獲得好評，前途看好。但是，他將工作壓力發洩在家人身上，愛喝酒，好幾次做出讓太太傷心難過的事。

有一天，太太對他說：「我想離婚。」他不知如何是好，於是來找我晤談。

這位男士從小就是優等生，從知名大學畢業，又在大型金融企業上班；但他告訴我，他一直壓抑自己，逼自己做個「乖孩子」，活在別人的期待中。

我見到他時，對他的印象是誠懇穩重、身段柔軟、頭腦極為靈光的社會菁英。要不是親耳聽到，真不敢相信他會酗酒。對於老婆，起初他都在「扮演」一個好丈夫，但隨著工作有了成果、地位越來越高、責任越來越大後，因為壓力過重，他只好藉酒紓壓，再加上職務關係，有很多喝酒的機會，導致他有陣子每天晚上都不得不喝。

接下來，他開始抱怨老婆，甚至演變成言語暴力，於是老婆提出「離婚宣言」。

原諒自己，重新建立關係

聰明如他，十分清楚自己做的事不對，也知道自己對老婆、小孩懷有莫大的罪惡感。他說：「我一直對不起老婆孩子，難怪老婆要離婚。是我讓他們活得這麼痛苦的，我該怎麼補償他們呢？」

他戒酒，並對家人道歉，承諾「再也不喝酒」後，已經取得原諒。但他冷靜地自我反省後，罪惡感反而更深了。他的告白彷彿懺悔，而我就以神父般的心情傾聽。他說：「接下來，我該怎麼做才好？」

我的建議是：「你就原諒你自己吧。」我說：「擺脫罪惡感，原諒自己，然後，再一次挽回太太和家人的心。」

因為，他仍深愛著家人，正因為如此，他才會對自己的行為感到罪惡感，而且為了愛護家人，他甚至考慮過離婚。

將「感謝」寫出來，找回被愛的自信心

於是，我出了一項功課給他：「每天寫一封感謝信。」

罪惡感是一種懲罰自己的情緒，**你可以說出「對不起」，卻難以說出「謝謝你」，因為你會覺得自己沒有資格道謝**。

因此，我請他寫信，將「感謝」寫進信裡。太太、小孩自不在話下，也要對父母、學生時代的恩師、工作上受到照顧的人士等，對象不拘，寫一封感謝信給當天想到的人。「好像在默寫經文喔。」他苦笑了，不過，確實有幾分相像。

然後，他真的做了這項一天寫一封感謝信的作業，持續做了兩個月。

有一天，他來到我的晤談室，以煥然一新的表情、眼神閃閃發亮地對我說：「謝謝你，我和我太太的關係已經改善了，而且，我在職場上的人際關係也順利到令我吃驚，客戶常常誇我，因此我的機會更多了！」

起初幾天，感謝信的對象是老婆。他回憶從認識到今天的種種，想起許許多多難忘的回憶，充滿了感謝之情，於是邊寫邊流淚。不過，也因為如此，心中湧現強烈的罪惡感，被自責的念頭糾纏不已。寫信給小孩時也一樣。因此，他有時會質疑這項作業是否帶來反效果。但他依然相信我，於是繼續寫信給指導過自己的上司、承蒙照顧的客戶等工作上往來的人士，這時候，他發現開始有點不一樣了。

首先，他感到身心都變輕盈了；接著，連自己都注意到自己的笑容增加了。兩週後，有後輩對他說：「你最近是不是碰到了什麼好事？」長期往來的客戶也對他說：「你最近好像狀況不錯呢，是不是業績大幅提升了？」

然後，他注意到一件事，和人談公事時，變得比以前輕鬆多了。雖然從前他也沒意識到自己對人如此費神，但總之與現在的感覺全然不同，這是因為他能夠敞開心房與人對話了。

工作上的溝通，往往有各種「算計」在裡面。不做對自己不利的發言、為讓自己的意見被採納而使用各種話術、展露笑臉以留給對方好印象、用活力充沛的聲音說話等。但現在的他已經不必刻意做這些行為，能夠自然地笑臉迎人、不計較得失地誠心溝通了。

而且，他注意到他職場上的變化後，沒多久，也發現與太太的關係好轉了。

他將感謝之情寫在便條紙上，但其實從未交給對方，而是一直放在房間的抽屜中。

寫給太太的感謝信大約寫到第十封時，他突然生起「這封信想交給老婆」的心情，於是將信放入信封裡交給老婆。

簡單的「感謝」就能療癒罪惡感

他老婆一邊讀信一邊流淚。看到這種情況，他說：「不知道為什麼，我覺得自己真的被原諒了。」她讀完信後，擦著眼淚，說了一聲：「謝謝。」便走進房間了。

翌日，他要去上班時，老婆交給他一張小紙條，說：「你等一下看。」等他走到車站月台，打開紙條一看，上面寫著：「我原諒你。我覺得你這一、兩個月真的變了。能當你的老婆真好。今後，還要請你多多指教了。」

看完紙條，他不由得淚流滿面而衝去車站的廁所大哭一場，後來，雖然錯過了好幾班車而遲到，但仍覺得那是最幸福的一天了。他說，那天他覺得身心輕盈得彷彿能在天空飛呢。

順帶一提，他在第二次晤談的前一天，心血來潮地寫了感謝信給一個之前沒寫過的人。不是別人，正是他自己。然後，這種感謝之情，自然而然地擴展到生養自己的父母、一起成長的兄弟姊妹、至今相遇的許多人、最愛的妻子與孩子們。

罪惡感獲得療癒，能夠自我原諒後，便能深刻地體會到：「做自己真是太棒了！」於是不用我說，他自己便察覺到這件事，寫感謝信給自己了。

就這樣，他擺脫了罪惡感，不僅家人關係，工作上的人際關係也好轉了。

從另一個角度來看，可以說罪惡感過去一直在他的人際關係上落下了沉重的陰影。我認為「感謝」是療癒罪惡感最有效的方法。感謝的能量淨化了罪惡感，並與其背後的愛直接連結。換句話說，「感謝」就是「愛」。

如果你要擺脫罪惡感，不妨想想你最心愛的人，並對他們表達謝意。如果你有意願，就將你的謝意寫成一封信，相信你也能體會到這位先生的心情。

心理師想對你說

罪惡感可以藉「感謝」來療癒，而且效果非常大。
一一寫信給與自己有關係的人，
就能從罪惡感中解脫出來，
人際關係和人生都會有莫大的改變。

33 與愛連結的提問一：哪些人真心愛過你？

前面曾經提到過：「愛與罪惡感成正比。」而「擺脫罪惡感就等於原諒自己」的最有效方法，就是與愛連結（感謝也是與愛連結的方法之一）。

接下來，我要介紹用愛療癒罪惡感的有效方法。

這些方法是寫感謝信的基礎，特別是，我在標題33、34、35所提出的三個問題：哪些人真心愛過你、哪些人會真誠為你開心、你為了哪些人而努力，如果你花時間好好回答，你的心中就能充滿愛，而且淨化了罪惡感。

來吧，請回想自己的人生，一步步擺脫罪惡感吧。

回想別人投注在我們身上的愛

要是沒有愛，我們不可能活下來。**我們能夠活到今天，正表示我們一直被愛著**。我認識的人當中，確實有人一路過著極為辛苦難熬的生活，但這種人的人生中，也必然有宛如明燈般照耀他的人。

有位男士的父母只要一見面就吵，父親愛酗酒，常常發酒瘋，而且完全不拿錢回來。他的母親則很情緒化，老是抱怨、罵人，因此這位男士從小時候開始，只要找到機會就好幾天都不回家。

身為獨子的他，從沒好好吃過一頓飯，而幫助他的，是他的小學老師。這位老師經常鼓勵他，也常請他到家裡吃飯，假日也一起度過。就連運動會和遠足的便當，也是老師的母親幫忙做的。老師對他說：「你要用功讀書，才能翻轉你的人生。」於是他十分用功，終於當上醫師。因為自己的童年太苦，他選擇當小兒科醫師來幫助更多小朋友。

還有一位女士，從小父母離異，她在母親的娘家長大，常常聽到外婆和母親說父親的壞話。而外婆和母親也處不好，成天吵架，還會對她惡言惡語，因此她一直過著以淚洗面的生活。而拯救她的是住在東京的阿姨。

阿姨回娘家時，看見她的狀況，覺得「這孩子好可憐」，就對她特別溫柔。即便回去東京，也常常打電話來關心。據她表示，是因為有這位阿姨，她才能活下來。受到阿姨疼愛的她，後來到東京工作，而且做得相當不錯，現在則是與恩愛的老公組成一個幸福的家庭。

我認為我的工作是協助人們從人生中找到愛。除了前面介紹的那幾位，我還認識好多位過著悲慘人生的人，而且我發現，他們的人生中必定有愛。因此，不知不覺地，尋找愛這件事，就變成我工作的一部分了。

那麼，請你現在好好地回顧你的人生。

哪些人曾經愛過你呢？

或許是父母，或許是祖父母、叔叔、嬸嬸等親戚，或是學校、補習班的老師、社團顧問、前輩，以及職場的上司、同事。當然，還有現在及過去的伴侶，有小孩的人則還有孩子。此外，重要的朋友也是愛你的人吧。就連你的寵物，也都是愛著你的。

你常去光顧的店家老闆、住家附近的鄰居，乃至碰巧於旅途中遇見的人。當然，已經死去的人也無妨。

因為有他們的愛，你才能活到今天，不是嗎？請好好回想他們給你的愛。

然後，試著說聲「謝謝」，以感恩的心情對待他們給你的愛。

**心理師
想對你說**

與「愛」連結，能夠療癒罪惡感。
只要想起曾經愛過我們的人，
我們的內心就會充滿愛，
那一刻，就能掙脫習慣性自責了。

34 與愛連結的提問二：哪些人會真誠為你開心？

原諒這個被人所愛的自己

這是與愛連結的第二個問題。由於和前一道題：「哪些人真心愛過你？」很相似，或許你腦中會浮現同樣人物的臉，但這個問題比前一題的範圍稍廣一點，也更輕鬆。

或許，你腦中會浮現公司同事的臉，如果是問：「他愛著我嗎？」可能會打上問號，但如果問：「他會為我的幸福感到開心嗎？」答案通常是：「應該會喔。」跟你熟識的人，應該都會為你的幸福感到開心才對。光是腦中浮現一張又一張臉龐，就會讓你的內心充滿溫暖的愛。

我說說我自己的例子吧。我的父母在我讀國中時離婚了，在那之後，我跟父親只見過幾次面。當時，我正值青春期，聽到父母離婚的事也只是「嗯」一下而已，後來，我離開家鄉到大阪，聽說父親已經再婚。

在我父親還小的時候，親生母親便過世了，他是被繼母虐待長大的，因此他很不善於溝通，幾乎沒跟我說過表示他愛我的話。我長大後，有好一段時間我一直覺得父親不愛我。

後來，我學了心理學，才明白父親雖然不善於表達，但其實有他的父愛。而且我回憶童年時期的種種，想起他常常陪我玩的事，很是懷念。

在我二十幾歲的某一天，從母親口中得知父親的死訊。這輩子我已經不可能再見到他了。然後，我聽母親說，父親在病榻上仍十分以我為榮：「我兒子是某某高中、某某大學畢業的，現在，在某某公司上班，很有出息。」「我兒子個性非常溫和，是個好孩子。」應該是母親一直都有將我的近況告訴父親吧。當我知道父親臨死之前還記得這麼清楚、不斷誇獎我，我真的好感動。因為我深深知道，他沒有忘記我這個兒子，他希望我幸福快樂，他還愛著我。

過去，我總覺得我們父子緣分很薄，我甚至沒把握他是不是愛我，但後來，我覺得父親也是一個「會為我的幸福快樂感到開心的人」。

請看看你周遭的人。

哪些人會為你的幸福快樂感到開心呢？只要用這種觀點看待，**你會發現愛你的人比你想像中還多。那麼，請原諒這個被大家所愛著的自己吧。**

心理師想對你說

要是沒有獲得別人的愛，我們不會活到今天。

請想像一下：「當我幸福快樂時，哪些人會為我感到開心呢？」

或許你會發現，

愛著你的人比你想像中還多。

35 與愛連結的提問三：你為了哪些人而努力？

即便有罪惡感，那也肯定是愛

這是與愛連結的第三個問題。小孩都很喜歡父母，會努力討父母歡心。之後，應該有人也會為了學校的老師、同學、好友等而努力；有時，則是為了學校的名譽而努力；也會為失戀難過的朋友而用心傾聽，並給予鼓勵吧。

此外，為了喜歡的女孩或男孩，我們真的做了好多好多事。女生的話，會努力打扮、精心挑選可愛的衣服、在鏡子前練習最漂亮的笑容、想盡辦法打聽關於他的事；男生的話，可能會花心思特別去挑選她喜歡的店和禮物、兩人之間要是出問題，會更加努力，想方設法挽回對方的心。工作上，還會為上司、同事、客戶，以及家人而努力。

我們會為某些人而努力。有時，是自願犧牲，有時，則是出於罪惡感的補償行為，無論如何，當中必定有「愛」。

為了讓那個人開心、為了想看那個人笑、為了讓那個人多少輕鬆點、為了讓那個人稍微有精神一點，我們為這、為那而努力，這就是愛。

因此，「你為了哪些人而努力？」這個問題，就跟「你一直愛著哪些人？」一樣。可是，你不覺得比起後面的問題，前面的問題比較容易回答嗎？因此，我在研習營的時候，都會讓學員實際做「我一直為了哪些人而努力？」這種練習。

現在，請你務必想一想：「我一直為了哪些人而努力？」

如此回顧人生，你就會發現，你其實愛了很多人。

罪惡感讓你知道你的愛有多少

不過，你的愛有時會藏在罪惡感裡面。

「想討父母歡心而用功讀書，參加考試，但沒考上第一志願，因而受挫沮喪」、「為公司賣命，想締造好成績，但沒達標」、「為愛人而努力做飯，卻失敗了」等等，或許你會想起為了某人盡心盡力卻不順利的經驗。

「討對方歡心」這種愛越強烈，若不幸失敗，就會產生罪惡感而不斷自責。於是，你為罪惡感所苦。

但反過來說，罪惡感正好告訴你，你的愛有多少。因此，如果你能把罪惡感的頻道切換成愛的頻道，你就會對自己擁有這麼多愛而感到驕傲。

「你一直為了哪些人而努力？」這個問題，將解答出你的愛。

請不要被罪惡感擺布，請下意識地持續選擇愛。若你能因此感受到愛，那麼不僅罪惡感將獲得淨化，你也會更有自信。

心理師想對你說

「你一直為了哪些人而努力？」這個問題，將明確告訴你，你愛了哪些人。如果你感覺到罪惡感，那麼罪惡感有多深，就表示你對那個人的愛有多深。

36 做能讓自己笑開懷的事

笑容能把我們從罪惡感的泥沼中救出來

前面我問了各位三個與愛連結的問題，接下來，我想說明「愛自己」這件事。但是，即便聽到「請多愛自己一點」的呼籲，我想大部分人依然摸不著頭緒。這也難怪，大家都只說要「愛人」，不論在學校或在家裡，幾乎沒人教我們要「愛自己」。

因此，我提出一個想法：「做能讓自己笑開懷的事。」這個想法和「愛自己」的意思一樣，但更容易理解。

特別是，受罪惡感控制時，連笑容都是禁止的，因為你會覺得自己沒資格笑，你會抱持強烈的執念：「我做錯事了，怎麼可以笑？」

因此，**「做能讓自己笑開懷的事」，就是一種把你從罪惡感中救出來的行為**。

一開始，或許你會有很多迷惘，以致完全想不出有什麼可以笑開懷的事。但請務必持續找下去，不斷問自己：「我喜歡什麼？擁有什麼我就會展露笑容？該怎麼做才會笑開懷呢？」

假設你有答案了，但卻因為罪惡感太強，你仍會心想：「可以這樣做嗎？」實際去做，又可能再想：「我做了不該做的事情了。」屢屢遭到罪惡感的攻擊。

但是，罪惡感無法戰勝愛。即便罪惡感作祟不已，只要持續去做能讓自己笑開懷的事，你便會發現，罪惡感越來越淡了。

列出會讓自己笑開懷的小事

所謂「能讓自己笑開懷的事」，即便是下列這樣的芝麻小事也無妨。

- 吃巧克力
- 看漫畫
- 玩喜歡的手遊
- 喝酒
- 找時間悠哉地泡茶
- 放鬆地泡個澡
- 大看特看喜歡的電影DVD
- 血拚
- 到好吃的餐廳用餐
- 和朋友盡情地聊天
- 擬定旅行計畫
- 按摩或全身美容
- 剪頭髮

・和喜歡的人碰面

即使是這種微不足道的事情也沒關係。讓自己笑開懷，就是愛自己，但其實不只如此。只要你展露笑容，自然地，你身邊的人就能對你報以笑容。希望你快樂的人，看到你愁容滿面會很難過，當你不再懲罰自己，能夠重新展露笑容，就能讓他們安心、歡喜。

換句話說，**你能夠笑開懷，這不僅表示你原諒了自己，也表示你愛著周遭的人**。

這種時候，你一定心情很好，這就證明：「你能夠取悅你自己。」

**心理師
想對你說**

「做能讓自己笑開懷的事」
是一件任何時候都很有用的運動，
也是一門「愛自己」的功課。
而且，你將發現，當你展露笑容，
你身邊的人也能安心、歡喜而展露笑容。

37 蒐集被愛的「證據」

列一份「被愛證據清單」

你能夠坦率地接受別人的愛嗎？你會不會覺得自己沒有資格被愛呢？

這裡希望你思考的是：「請找出你被愛的證據。」突然要你這麼做，或許你會一時不知所措，但到這裡，你已經從原諒自己的過程中，體會到自己內心有愛，而且一直被愛著，因此我才會出這道難題。被愛的證據例如：

- 父親為了我努力工作，栽培我到大學畢業。
- 為了上學、上補習班，母親為我做了許多事前準備，還為了我的健康，每天做飯給我吃。

- 有位朋友跟我說：「你是我無話不說的好朋友。」
- 其他朋友經常找我出去玩、買東西。
- 從小就要好的老朋友，有什麼事總是先找我商量。
- 上司經常帶我去喝酒。
- 老婆會陪我聊天。
- 小孩跟我感情很好。

用這種感覺去想的話，應該能找出幾十個吧？（這裡因為是舉例，每一個的主詞都不同，如果是「母親為我做的事」，那就可以想出更多了吧！）

這份清單不能只進行一天，必須連續進行幾天。請透過不同場合去回憶過去，環顧現在，「啊，原來這裡有愛」、「原來我一直被這個人愛著」，蒐集各種被愛的證據。

這樣做以後，**「我被很多人愛著」**、**「我被愛的資格相當充分」**的訊息便會深入

你的潛意識中。結果就是，你會產生「被愛的自信」。

當然，這個愛一定會融化你的罪惡感，因此，只要蒐集你被愛的證據，從接受愛的那一刻起，罪惡感就會逐漸消散了。

心理師想對你說

請花點時間列出「被愛的證據清單」。
你不僅能體會到被愛的感覺，
也能將自己具有被愛的價值這件事存入潛意識，
相信自己是個值得被愛的人。

38 從小事開始，實現美好人生

具體描繪你的理想生活

療癒罪惡感與過著理想生活這件事息息相關。罪惡感強烈的話，便不容許自己「活出自我人生（亦即過著理想生活）」。因為，罪惡感不會讓你獲得幸福快樂，如果你過著理想生活而幸福快樂，那不就糟了。

而且，假設你想過自己的理想人生、做自己想做的事，也很容易因工作繁重、資金問題、人際關係等問題而受挫。因此，要過理想的人生，就要先療癒罪惡感。我經常告訴大家，要一邊療癒罪惡感，一邊以理想人生為目標。

說是理想生活，其實沒必要立下宏大的計畫。因為是「活出自我人生」，只要真誠地列出自己喜歡的事、興奮的事、想做的事等，並在逐一實現的過程中克服罪惡感即可。

換句話說，請一邊做前面介紹的「能讓自己展露笑容的事」，一邊實現理想生活。為此，建議你應該先描繪出理想生活的藍圖。

首先，請自由想像一下你正在過著幸福生活的模樣。住在哪裡、過什麼樣的生活、做什麼樣的工作、和誰住在一起？以及，和哪些好朋友交往？請盡量不受限制地想像。

這時的重點是，「真的！要是能夠過這樣的生活就太好了！」而興奮不已。這種興奮之情比什麼都重要。然後，請將這種生活寫在筆記本上，可以條列式書寫，也可以創作成一篇小說。

我最近時常出這道題目：「想像你的理想生活，並且具體畫出你所居住的房子客廳模樣。」畫出窗外景致及室內空間，是一個相當不錯的方法。這樣，你就能每天想像你在未來過著興奮、愉快的每一天。

想像自己活在擺脫罪惡感的理想世界

自由想像自己過著理想生活的模樣，等於是在想像「**擺脫罪惡感後，你會過著什麼樣的生活？**」

罪惡感會阻撓我們往理想生活邁進，因此，反過來說，我們自由地描繪理想生活，就能想像擺脫罪惡感後的世界。我認為這比回答「你認為擺脫罪惡感以後會怎樣？」容易多了。

而且，當你想像擺脫罪惡感後的世界而心情興奮，表示這時候的你已經從罪惡感中解脫出來，恢復成原本的你，且正在想像你真正想過的人生了。

那麼，結果會怎樣呢？

根據吸引力法則，你會自然而然地、自由自在地被引導至「無罪惡感的世界」。

心理師想對你說

只要想像每天都過得很愉快的「理想人生」，
就能夠擺脫阻撓你幸福快樂的罪惡感。

39 做自己的人生顧問

向活得神采奕奕的自己徵詢建議

前一節提到，可以利用想像你的理想人生來擺脫罪惡感，其實，這個方法還能再擴大應用。

這裡同樣需要善用你的想像力，請先想像「過著理想生活的自己」。即便無法具體地想像出來也無妨，還是可以進行下去。

請想像做著理想的工作，得到最棒的伴侶、家人、朋友們的幫助，過著豐富生活的自己。那個自己，就是每天以好心情醒來、神采奕奕做著理想工作的真實的你。

就請這樣的你，當自己的顧問吧。

假設，你在職場上擔任新商品的提案人，可是，你不擅長在人前發表談話，對該產品也不算是完全理解，這時，你會向顧問尋求建議。

於是，那個當你顧問的自己，就會開始對你說：「沒問題的，提案時，不會只有你一個人，你的同事都會站在你這邊，你要更信任他們。而且，只要你不斷練習，當天一定沒問題！你看，你大學時，上台報告也是很緊張，還不是順利過關了！」

那是你自己的聲音，因此說服力十足。傾聽這樣的聲音，不可思議地，你的心能夠恢復平靜，也就能夠上場做重要的提案了。

其實，這是一種與你心中地位更高的「高我」（Higher Mind）產生連結的方法。這個「高我」不會被罪惡感所惑，宛如一種愛的集合體，也可說是「心中的神」。

藉由過著理想生活的自己而與高我相連結，就能超越罪惡感及其他各種負面情緒，感覺到自己原本的面貌。

心理師想對你說

請把過著理想生活的「我」（高我）當成你的顧問吧。
這麼一來，你就不會被罪惡感所縛，
而且在你不知所措時，
能夠接受一些建言來安定心靈。

第 6 章

擺脫罪惡感的練習

40 淨化心靈的「觀想練習」

擺脫自己是「毒瘤」的偏執

一如前面所述，當罪惡感越積越多，反而會越感覺不到罪惡感。另一方面，你會開始有「我是毒瘤」、「我是骯髒的」、「我是汙穢的」等觀念，然後與心愛的人保持距離，不知不覺做出害自己痛苦的行為。

這種感覺，是罪惡感根植於潛意識深處的證據，而且，即便理智上明白是罪惡感作祟，也不容易消除。

這種狀況，可以透過反省造成罪惡感的事情（與家人、分手戀人的關係），來擺脫從中萌芽的罪惡感（例如：寫感謝信），但是，還有一種比較感性的方法。

我想向大家介紹這種訴諸感性的方法。這是我在晤談中或是研討會中使用的方法，本來應該是要閉上眼睛的，但這裡請大家慢慢地閱讀，用心感受它的效果。

請想像一下。

現在，有一道溫暖的、柔和的白光，從你的頭上緩緩照射下來。

你像做日光浴般，全身籠罩在這樣的光芒中。

這道光非常舒服，正輕輕地把你整個人包圍起來。

請感受一下這道光的溫暖，以及溫柔的觸感。

現在，這道光已經從你的皮膚輕輕地沁入你的體內。

而且，當你吸氣時，這道光便隨著氣息吸進你的體內。

請想像一下，這道溫柔又溫暖的光，一點一點充滿你全身的樣子。

終於，這道光輕輕吸取你身體裡的汙穢，
然後隨著吐氣一起排出體外。

而且，另一道光輕輕包住你心中的汙穢，
將它從你的腳底排出去。
請你想像一下，每次呼吸時，溫暖又溫柔的光芒便會包圍全身，
不斷吸取不需要的廢物，
將它隨著吐氣或是從腳底排出去的狀態。

你只要不斷呼吸，
心中和體內的汙穢便一點一點變少了。
（請在這裡暫停一下，想像該畫面並配合呼吸，進行十次左右）
你的身體正在逐漸淨化中，體內充滿了光，

而且，你的身體開始散發出溫柔又溫暖的光芒。

所有的罪惡感皆已淨化，你宛如剛出生的小嬰兒般，

散發著美麗又溫柔的光芒。

這個觀想練習隨時隨地都能做。有位案主在我的晤談中做了這個觀想練習，感覺非常好，於是每天睡前都會在床上做這項練習。

結果，她不但睡眠品質改善，每天都以愉悅的心情迎接早晨，而且自己也發現皮膚變得光澤亮麗！她建議：「我鄭重推薦，做這項練習也很有美容功效喔！」（笑）

41 卸下十字架的「觀想練習」

淨化潛意識中的罪惡感

罪惡感這種情緒，就像是你內心背負的沉重十字架。被這種情緒綁住，你的心會一片愁雲慘霧，彷彿世界被厚重的陰霾所支配。而且，為了懲罰自己，你會背起沉重的十字架，套上腳銬，感覺走在看不見前方的荊棘道路上。

在此，我要介紹一種象徵性的觀想練習，幫助你擺脫深植於潛意識中的罪惡感。

請一邊閱讀以下文字，一邊在腦中想像畫面。

你的背上背著沉重的十字架，

腳上套著沉重的腳鐐，走在布滿荊棘的道路上。
由於已經走得太久太久了，
你的身體被荊棘刺傷，沉重的十字架也壓得你手腳麻痺。
但是，你依然堅信：「這是我犯錯該受的懲罰。」
一步一步朝著看不見終點的道路前進。

此刻，你的前方落下一道耀眼的光芒。
光芒中，出現一位表情慈愛、溫柔的女神。
然後，有個悅耳的聲音，傳到你的內心深處：
「你已經充分懲罰你自己了，
夠了，沒有必要繼續傷害自己，
你可以放下十字架了。」

然而，你在抵抗。
因為你認為你犯下的罪過還沒贖清。
女神了然於心，於是用更加溫柔的表情對你說：
「你可知道，你傷害自己多深了？
其實，你懲罰自己已經夠多了。
你早就被原諒了。」

說完，女神輕輕走近你，並且伸出雙手。
你深深吸了一大口氣，將長期背負的十字架卸下，交給女神。
女神一碰到十字架，十字架便立刻消失。
取而代之的是一個由美麗花草編織而成的花環。
女神將花環輕輕戴在你頭上，對你說：
「這是寬恕的象徵。

如果你又想背起十字架，
就想起這個花環吧。」

此時，耀眼的光芒剎那間將你包圍住。
等你回過神，便發現套在你雙腳上的沉重腳鐐已經不見了。
身上破破爛爛的衣服也變為煥然一新、非常舒適的衣裳。
而且，你發現身體變得十分輕盈。

眼前的女神瞬間消失，
原先腳下的荊棘之路，變成一片美麗的草原，
轉眼間，雲開霧散，溫和的煦陽將你包圍。
然後，你用輕盈的身體，
朝美麗的草原跨出嶄新的一步。

42 對自己的愛產生自信

罪惡感讓你看不見愛

罪惡感造成的真正災難，就是奪走你的「愛」。罪惡感讓你不相信自己的愛，甚至讓你認定你的愛是會傷人的劇毒和利刃，讓你無法去愛任何人。因此，被罪惡感綁住，你就無法愛人，也無法接受別人的愛。話雖如此，你心中的愛還在，只是被罪惡感遮蔽而看不見罷了。

因此，我跟這種人晤談時，會幫助他找尋心中的「愛」。只要採取「那裡應該有愛」的觀點，就能輕鬆確認愛的存在了。不過，這件事很難由被罪惡感綁住的自己來做。

這裡介紹兩個罪惡感的案例，請你以「我也有這樣的愛嗎？」的眼光看下去。

找回真正重視的價值，不再自責

有位先生工作非常忙碌，除了每天加班，連假日也多半泡在公司裡。這就是所謂的掉進繁重工作的牢籠裡。太太變成得獨自大小事全包的「偽單親媽媽」，每天忙得要死，便責怪起以工作為由而放著家裡不管的他。因此，他對太太懷有「讓老婆這麼辛苦，真是對不起」的罪惡感。原本之所以投入繁重的工作中，就是因為罪惡感意識太強，這下，更是被這種罪惡感耍得團團轉。

可是，為什麼他要這麼賣力工作呢？一定是為了某人才去上班，才工作到精疲力竭的，不是嗎？

他就是為了心愛的家人才這麼努力的。在這個什麼都漲、只有薪水不漲的時代，他想藉符合公司的期待來讓家人過好日子。因此，他對家人確實有著濃濃的愛。

於是，我故意刁難地問他：「公司和家人，哪個重要？」

他立刻回答：「那當然是家人。」但接著說：「可是，為了家人，我要是不這麼拚命工作……」我建議他：「要不要乾脆蹺一天班，讓老婆輕鬆一下？才一天，應該不會影響太大吧！」

於是，他很快在我們晤談後的隔天，向公司請了一天特休假，然後對老婆說：「妳辛苦了，今天就由我來照顧孩子，妳好好上街去買衣服吧。」起初，他不知道怎麼帶小孩而手忙腳亂，但後來被孩子的可愛給迷住，深深感受到與孩子在一起的幸福快樂。

當然，太太也因為好久沒上街血拚而超級開心，對他充滿感謝。當晚，他確信家人的重要性無可取代，於是決定換工作了。

允許自己當個「不及格的媽媽」

有位太太因為老是罵女兒而懷有強烈的罪惡感。她責怪自己是不及格的母親、是冷血動物，最後，連看到女兒都會自責，在女兒面前根本笑不出來。

我詢問她的成長過程，才知道她不太有被父母疼愛的記憶。因為父母都在上班的關係，她從小多半一人獨自在家。因此，她不希望自己的孩子也有這種孤零零的感覺，於是生下女兒後，便開始當全職家庭主婦。可是，帶小孩的過程不如預期，她備感壓力，有時忍不住便對女兒發火，累積下來的罪惡感超乎想像。

不過，她就是基於「不願讓孩子感到孤單」的初衷，才選擇現在的生活方式吧？會對女兒發脾氣，也是因為太想當個好母親吧？換句話說，這些以愛為出發點的行為沒拿捏好，讓她產生了罪惡感。

我告訴這位媽媽，她依然對女兒懷有濃濃的愛，是因為過度求好心切才會導致今天的局面，並且建議她可以放輕鬆一點：「**何不試著允許自己當個『不及格媽媽』**？」原來，她每天親自煮三餐，連老公的份都不假他人之手，而且為了孩子的健康，每天都用水擦拭地板，小孩的衣服也全部手洗。

在我的建議下，她決定找一天嘗試休工，只做最低限度的家事就好。

起初，她會有「只做這些可以嗎？」的不安，但做家事的時間減少後，陪女兒的時間便增加，於是重新恢復了笑容。

後來，她對我說：「當初，我為了不讓女兒像我一樣孤單，毅然決然當全職家庭主婦，但後來，心思全放在家事上，才發現女兒一人獨處的時間很多。我跟女兒在一起的時候，很快樂、很幸福，最棒的是，她常常露出開心的笑容。從前，她明明年紀還小，卻得看我臉色，這也讓我有了罪惡感。現在，終於能跟她一起開心地笑了！」

心理師想對你說

不要再說「不可以這樣那樣」、「是某某人的錯」，而是用「那裡應該有愛」的觀點去看，就會發現乍見是負面的言行裡，其實存在著愛。

43 接受、理解、原諒自己

因寂寞而犯錯，無法擺脫自責

接下來介紹的案例，或許有人會覺得生氣、無法理解，也或許有人會主張這樣並沒有錯，我們心理諮商師很少去爭論「對／錯」，我們的目標是擺脫罪惡感，讓人輕鬆一點。

這一節，我要介紹一個很適合用來探討「原諒」本質的案例。希望各位能夠以「對事不對人」的概念來看待以下的案例。

有一位離過婚的女子來找我晤談。離婚原因是自己外遇，然後遭到老公責怪而引起的。詢問之下，我才知道她的父母在她年幼時離異，她是由母親獨力扶養長大的。為了扶養她，母親日以繼夜地工作，也因此她常常一個人在家，覺得非常寂寞。

二十歲那年，她和大她十歲的男友結婚，對方是個經常出差、工作忙碌的人。兩人一直沒有小孩，她下班後回家，都是獨自過夜，即便向老公訴苦，也只得到「工作啊，哪有辦法，妳就忍耐忍耐吧」的回答，於是內心相當空虛。

這時候，她遇見一位對自己很溫柔的男人，很快就被吸引住，沒多久便發生關係。但是，這個男人已有家室，她依然得獨守空閨。這名女子對自己做過的事情、正在做的事情，皆懷有強烈的罪惡感。

「我這個樣子，有資格幸福快樂嗎？」她問我。恐怕她已經問過自己好多遍了。

「因為寂寞而外遇，不算是一種罪過吧。」我說。她做的事或許背叛了她先生，但我認為事屬無奈，情有可原。換句話說，這是不得已的。

她嘆了一口氣，說：「雖然我沒辦法立刻接受你這種說法，但不知為什麼，我覺得整個心一下輕鬆了起來。」然後，我開始問她童年的事，了解她內心寂寞的原因。

從情感角度來看，諒解情有可原的狀況

一個年幼的小朋友在夜裡獨自等待母親回家，這是怎麼樣的心情呢？閃電打雷、狂風吹得窗戶嘎吱嘎吱作響的時候，又是怎麼度過的呢？雖然母親已經把飯準備好了，但每天晚上一個人吃飯，那是什麼樣的味道呢？

還有，一直殷殷期待母親回家，又是什麼樣的心情呢？

這名女子長大結婚後，依然過著與童年時代一樣的生活。搞不好在等待丈夫回家時，便會想起童年的寂寞。當然，大人的感受不會跟童年一樣，但要是看到家人一起快快樂樂地走在路上，看到別人家中燈火明亮的模樣，很可能會有一股胸口悶痛的感覺吧。這種時候，出現一個很體貼自己的人，就算明知不可，恐怕也無法抵抗吧。

處理罪惡感時，我建議以「為何如此不得已？」的角度來看待。因為我們的內心世界沒有法律、倫理，也沒有社會人情世故，只是「有那樣的情緒」而已。

換句話說，不必用「對／錯」、「好／壞」這個標準來判斷。為什麼？因為這個標準只存在於理性「思考」中，並不在我們的「情感」當中。這麼一來，即便是被社會視為禁忌的事，我們也都能夠「理解」才對。

如果當成「會這麼做都是情非得已」，你就不會自責了吧？

不判斷「好／壞」，去接納與理解

這種處理方式稱為「接納與理解」。**平心接受她說的話（接納），然後「理解」為何她不得不那樣做**，這種態度才能幫助她。

這裡的「理解」，不是理性的、邏輯性的理解，而是「感性」的理解。這點很重要。換句話說，你會認為，不論是誰，只要心理狀態同這名女子一樣，那麼，即便理智上明知不可，還是會做出同樣行為。這個「接納與理解」，在探討「寬恕」時非常重要。

很多人會根據表面上的行為、態度，來判斷其「好／壞」。但是，那樣的行為背後，隱藏著不得已苦衷的情形並不少見。像這樣，接受、理解自己做的事，才有可能原諒自己。

**心理師
想對你說**

以善惡、對錯判斷一件事，是屬於思考層面。
如果我們關注內心（情緒），
就會看到「情非得已的苦衷」。
只要能夠理解該苦衷，就能「原諒」自己。

STEP 3

擺脫罪惡感的「原諒」案例

第 7 章

找回罪惡感背後的「愛」

44 理解，進而原諒丈夫的外遇

「我沒做錯，是妳害的！」

以下介紹一個因丈夫外遇而來找我晤談的案例。

結婚進入第八年，這位太太因丈夫外遇而來到我的諮商室。半年前，當她發現丈夫外遇後，感覺眼前一片黑暗，待回過神來，開始逼問丈夫，並把他罵得狗血淋頭。

丈夫不情願地認了外遇，但開始為自己辯解：「都是妳害的！妳老是對我發脾氣，我在家連個能安靜待著的地方都沒有！結婚後，我沒有一天不是在忍耐、在配合妳！」

聽到這番話，這位太太雖然大受打擊，但依然想跟丈夫繼續走下去，她找了好多網站，後來看到我的部落格。她表示，她讀了很多心理諮商師的部落格文章，裡面常寫道：「要是責備外遇的丈夫，會更刺激他的罪惡感，讓他更不願回到太太身邊。」因此，她壓抑住想責備丈夫的心情，努力當個好太太，努力想挽回丈夫的心。

可是，丈夫依然沒有停止外遇的跡象，依然老是心浮氣躁，一副「我沒做錯，是妳害的！」的態度。而她對這種生活已經感到很疲倦了。

明明知道，卻改不了

這位太太問我：「他應該很有罪惡感才對啊？可是完全看不出來。」已經把本書讀到這裡的各位，相信能夠明白事實並非如此吧。

我將我在前面提到的「罪惡感越強，越會堅持自己是對的」所做的說明告訴她。

當我說：「正因為有罪惡感，他會主張自己是對的，怪罪是太太害的。」她立即露出難以置信的表情，但我再說明各種案例後，她慢慢理解了。

她問我：「為什麼明明知道自己不對，卻又改不了？」

於是，我反問她：「太太，妳有沒有什麼事是明明知道不能做，卻又改不了的？」

她回答：「其實，我從以前就有晚上泡完澡吃甜點的習慣，一直改不掉，這算是答案嗎？」

我說：「嗯，這個回答就夠了，雖然是不同層次的問題，但兩者的心理應該差不多。那麼，妳覺得為什麼妳會戒不掉甜點呢？」

她遲疑地發出了「嗯……」的聲音，想了一下後，她回答：「原因是壓力……吧。當遇到很煩的事情，感覺心浮氣躁時，就會大吃特吃。」

伴侶的情緒會同步影響對方

「那麼，或許你先生也有壓力吧，妳知道是什麼壓力嗎？」我問。

「他最近一直說工作很辛苦，還抱怨說，好幾個同事離職，人手不足。雖然他一年前升官，但責任變重，薪水也幾乎沒增加，他對這件事很不滿。他不是那麼常加班，但有時假日會突然被叫去公司，我想，他的工作壓力很大吧。」

接著，她又說：「啊，對喔，我想我完全沒考量到他的狀況。我自己把心思都放在照顧小孩，忙得不可開交，他下班回家後，我會請他幫忙看孩子，或是幫忙做家事。我哄小孩睡覺時，很多時候自己也跟著一起睡著了，我想，我都沒好好聽他說話。」

這位太太邊嘆氣邊說。

接著又說：「這麼說來，就在我發現他外遇的前幾天吧，他反常地喝得爛醉回來，當時，我正在哄小孩睡覺，所以心浮氣躁地對他說：『好不容易小孩快睡著了，你在幹嘛啦！你給我出去！』就這樣把他趕出去了。這麼說，我想起來了，他當時的眼神好寂寞喔。是我不好。」

心理學上有一種說法：「伴侶會為同樣情緒而苦。」雖然各自的境遇、感受方式不同，但先生寂寞時，太太也會感到寂寞，先生因罪惡感而痛苦時，太太同時也會為罪惡感所苦。

理解背後存在著罪惡感與愛

我告訴這位太太：「你們兩人都為同樣的情緒在痛苦呢。」

然後，我接著說：「太太，妳並沒有錯。因為帶小孩真的很辛苦，我認為妳已經很努力了，所以在這件事情上，妳完全沒有錯。妳先生也是為了妳，已經很努力在做了不是嗎？可是，他自己的工作也很忙，說不定他也覺得沒辦法幫妳忙而心生罪惡感。然後，不知不覺中，你們夫妻之間已經產生意料不到的隔閡了。那天，妳把先生趕出去，這只是一個小開端而已，即便沒發生那件事，也會有其他的麻煩問題產生。」

聽我這麼一說，「那，我老公肯定是不得已才去找那女人的。我想，他下班回來的確已經夠累了，還要陪小孩、陪我，真是連喘口氣的時間都沒有。這種時候要是有人對他百般溫柔，他肯定飛過去的。雖然我不想承認，但或許我老公真的很痛苦吧。」她已經能逐漸理解先生的狀況了。

「我想他現在也是很痛苦。他是大人了，很清楚自己做的事情吧，而且，因為他是一個很好的人，知道自己做出讓老婆痛苦的事情後，一定更加痛苦。可是，妳知道嗎？正因為彼此相愛，才會這麼痛苦。如果妳不愛妳先生，恐怕早就跟他要贍養費，跟他離婚了吧。而且，如果妳先生不愛妳和孩子，也是早就去找那個女人，打算跟妳離婚了呀。」

我這麼說完，她恍然大悟。

「我老公到現在都還愛著我嗎？但他折磨我這麼多年了……」

「聽妳說妳先生的態度，我認為他有很深的罪惡感吧？有罪惡感就表示有愛。妳自己的愛也是一樣，何不相信他的內心仍有愛情呢？」

因為有愛，所以願意諒解

她說：「感謝你，我的心情好多了。」然後走出晤談室。

後來，她傳訊息向老公示好，並表達愛意：「你做的事情，我雖然無法立即原諒，但我想了很多，應該已經理解你的心情了。我還是愛你的，我會永遠等你。」

先生也回信了，雖然僅有短短的「對不起，謝謝」幾字，還是讓她稍稍鬆了口氣。此後，這位太太總是盡量以笑容面對先生，一開始，先生似乎不知所措，多半視而不見，但漸漸會打招呼，笑容也增加了。

有一天，先生低頭對太太說：「讓妳擔心了，抱歉，是我傷害了妳，真的很對不起。」

後來才知道，就在這位太太來找我晤談的那個時候，她先生就已經跟外遇對象說：「我還是無法和我太太離婚。」並提出分手了。

心理師想對你說

不論夫妻或戀人，他們往往不知道，
其實他們會為同樣的情緒所苦。
當彼此都有罪惡感時，會各自懲罰自己而持續陷入痛苦中。
這種時候，使用「理解」這種原諒手段，
就能開始改善關係。

45 終於了解父愛，努力有了回報

為何選擇過著嚴酷且無回報的生活？

我第一次看到這個男人時，因為他臉色蒼白、毫無生氣，不由得讓我感到訝異，至今印象深刻。他是一名私立國中的老師，為人誠懇，而且教學認真，但過著完全得不到回報的生活。

有一年，他擔任問題學生最多的班級的導師，不僅上課，連下課後也要照顧學生。而且，儘管沒經驗，他還擔任足球社團顧問，週末也要一早到場緊盯練習。起初，社團聘有專屬教練，但他擔任顧問半年後，教練辭職了，他得自己指導學生。

我與他初次見面是在接近學期末的時候，因此他說：「我想，四月開學後，應該會好一點，至少不會再糟了。」但是，兩個月後，他再來到我的晤談室時，表情更疲憊了，苦笑說：「我的看法好像太天真了。」

足球社團來了新教練，他的負擔稍微減輕了，但好處就這樣而已。之前他的最佳傾訴對象是年級主任，但他卻突然被調到其他學校，於是他當上了年級主任。

但同時，他仍繼續擔任問題學生的班導師，又因為他們已經國三了，他得幫忙考量畢業後的升學就業問題。

再加上少子化的關係，他的學校屬於中段班，招生困難，他在結束足球社團顧問的工作後，還得到各地的補習班去招生。這就是他的新生活。

他說：「狀況一年比一年糟，身體也開始出現許多問題。」

責備無法滿足父親期待的自己

於是，我詢問他的成長經歷。

他是三兄弟中的大哥，父親也是老師，從小對他要求十分嚴格。母親該為小孩做的事情會盡量做，但比較沒有母愛，總是沉浸在自己的興趣裡，似乎每天都自顧不暇。生長在這樣的環境中，他必然地成為一個「好孩子」，不但要照顧弟弟們，在校也是成績優良，每年都當班長，是個人見人誇的「模範生」。

然而，不論他在學校多麼受到稱讚，總是得不到父親的肯定。不論大小考試，父親必然一一檢查，他考九十分時，就責備他：「為什麼不考一百分！」他考一百分時，又說：「這次只是碰巧題目出得很簡單吧？你不要得意忘形！」只會否定他。當父親如此嚴厲責備他時，母親總是一副置身事外的模樣，從來不為他說話。

而且不知為何，父親特別溺愛弟弟們，就算弟弟們的考試成績很糟，卻從未挨罵過。久而久之，他便開始以否定的態度看待自己。

他想：「只有我被否定，弟弟們都沒有，那肯定是我自己太糟糕了。」又想：「要獲得別人的肯定，就要更努力更用功才行。」拜努力之賜，他考上一流大學。父親曾說：「我們家沒錢，只能念公立大學。」他照父親的期望，念了一所知名的國立大學。

不過，他得了一種燃燒殆盡症候群，大學成績一路吊車尾。父親希望他當律師或國家公務員，但他勉勉強強才考上了教師資格，找工作過程也非常辛苦，最後終於找到目前任職的這間學校。

父親的不滿可想而知。據說父親酸他：「想說你念了不錯的大學，沒想到是這個樣子，你真是扶不起的阿斗。」同一時間，他的弟弟分別考上分數更低的高中和私立大學，父親卻完全沒對他們提出任何忠告。

儘管感到不公平，「都是我不好，因為我沒符合父親的期待才會這樣。」他卻用自責來面對這件事。

自導自演悲劇的劇本

聽他敘述，我感覺越來越聽不下去。他明明這麼努力了，也有相當不錯的成績，卻完全得不到肯定，不禁令人同情，而且對責備他的父親，以及置之不理的母親感到憤怒。

但是，即便我把我的感覺告訴他，他也只是喃喃自語：「唉呀，你能這樣想我很感激，但，真的全都是我不好。我爸努力賺錢供我讀書，我媽也辛苦地把我養大，是我讓他們失望了。」

該怎麼說這種人呢！真是傷腦筋。

聽到這些話，相信大家都能理解到，他因為罪惡感作祟而不斷責怪自己。罪惡感讓他在成長過程中，一直忍受父親的斥責及母親的冷漠。而且，罪惡感讓他每年都把自己丟進嚴酷的工作狀況中。

「所有問題都是自編自導自演。一切事情的發生全是必然。」我這麼想。

因為不能滿足父親的期待，他產生了罪惡感，然後，每次被父親責備時，他就心想：「是我的錯，是我不好。」又加深了罪惡感。

當母親對他冷漠時，他又想：「因為我不是個乖孩子，所以媽媽不愛我。」罪惡感又更深了。

客觀來看，很容易把他當成受害者，認為是他的父母有問題，他很無辜。

但是，若以他為主體來看這個問題時，我認為，採取「是他自己的罪惡感作祟，才會招來今天如此嚴酷的狀況」這種看法，才可能解決問題。

終於示弱，瞬間釋放情緒

於是，我問他這個問題：

「你為什麼能夠這麼拚命？你到底是為了誰這麼拚命的？」

他是個頭腦轉速很快的人，立刻回答我：

「為了許多學生和老師，因為他們需要我。帶這種問題學生很多的班級是很辛苦沒錯，但也因為如此，也讓我覺得很有意義。學校把這樣的班級交給我，表示他們對我有期待。這就跟我父親一樣。我認為他們信賴我，才會嚴格地要求我。」

好標準的模範生回答啊。

或許是我多疑吧，我認為他是藉由這樣子的「想法」，來讓自己正向積極地接受自己的處境。

我再仔細觀察他的表情和氛圍後，最後確信那是他想出來的結論，並非出自真心的解答。如果他會因為符合父親和學校的期待而開心的話，那麼，對於今天的狀況，他應該感到興高采烈才對。

可是坐在我面前的他，表情正好相反。那表情活像是幽靈般，身體好似背負著沉重的十字架，完全不像是積極看待目前狀況的模樣。反倒像是努力想要積極看待目前的辛苦狀況，結果失敗了而失魂落魄。

而他背負的十字架，正是罪惡感。我認為我可以讓他卸下這個十字架、罪惡感。聽完他的敘述後，我大膽提出一個請求：

「你可不可以說出：『我已經好累了，我已經不想再拚命了。』這句話？」

他「咦？」了一聲，露出不可思議的表情，然後想照我的意思，把這句話說出來。可是，當他要開口說時，卻發不出聲音。他做出「怪了？」的表情，然後說：「我……已經……好……累……」最後搖搖頭：「我說不出來。」

他從小就被禁止吐露喪志洩氣的話。即便自己覺得很難受、很痛苦，也不能承認。為什麼？因為承認以後，就沒辦法拚下去了。對他而言，「沒辦法繼續拚下去」，表示永遠不能獲得父親的肯定。

他是為了獲得父親一句：「你做得很好。」而始終努力不懈的。因此，他深深認為，在沒獲得父親的肯定之前，不能夠停止努力，只能不斷拿出好成績。我決定拿出耐心繼續等。

「時間還很充裕，能不能請你再一次把這句話說出來？不帶感情、光只是念出來也沒關係。」

他同意，然後宛如複誦英文單字般，喃喃地念出：「我……已經……好……累……」吞吞吐吐的話，還能發出聲音，但想要如日常會話般說出這句話時，喉嚨便會卡住而發不出聲音來。這表示他在壓抑這樣的心情。這都是因為罪惡感作祟。

十分鐘、十五分鐘過去了。晤談的時間快結束了，但我不說話，繼續等他。

於是，他像下定決心般，換了一個姿勢，腹部用力，「我已經好累了！我已經不想再拚命了！」終於說出來了。那句話幾乎是用喊出來的。

從他的雙眼，一顆顆斗大的淚珠掉出來，「哇——！」他開始嗚咽。

心地善良的他不斷說：「對不起、對不起！」哭了好長一段時間。從小累積下來的情緒，在此刻終於潰堤。

過了好一會兒，他以木然的表情看著我。他的臉色泛紅，眼睛有神，這是長年累積下來的情緒在這幾分鐘內釋放出來的證據。

「沒關係的。你現在感覺怎麼樣？應該覺得身體輕鬆一點了吧？」

他回答：「嗯，怎麼回事呢？我的肩膀和背部都真的輕鬆多了。」

察覺到父親無法坦誠表示的愛

於是，我再問這位先生一個問題：

「你父親一直對你要求很嚴格，對吧，你是不是一直為了獲得父親的肯定而努力不懈？你父親曾經肯定過你、稱讚過你嗎？」

按理說，此時的他應會不假思索地回答：「沒有。」但我直覺他會在腦中尋找不同的說法。

果然，他再次低頭，「嗯……」地想了好一會兒，突然抬頭說：

「我考上了父親最希望我去念的那所大學。放榜那天，我跟父親報告這件事的時候，他以一貫的口吻說：『現在跟我們那個時代不同了，現在好考多了，你只是運氣好，別太得意忘形啊。』可是，那天的晚餐，母親做我最喜歡的漢堡排給我吃，大概是父親要母親做的，因為我母親不喜歡做菜，不會為我做漢堡排這種費工夫的料理。我到現在還記得很清楚，那一餐是『慶功宴』，大家都很開心，當然，我的父母不會對我說『恭喜你』這種話，但父親看起來心情相當好。」

說完，他再次噙住淚水，低頭不語，然後開始嗚咽。

他一直都在全力贏得父親的肯定。就連工作上，也一心一意為贏得學校的肯定而拚命，「沒獲得肯定，我就是個廢物！」用這種話來不斷鞭策自己。換句話說，他一直為罪惡感所苦。

但是，現在他已經能夠接受父親的愛了。因為他已經知道，雖然父親還是那種態度，但其實心中一直愛著兒子、支持著兒子。

「你父親應該是個拙於表達情感的人，沒辦法大大方方地向人示愛。可是，這並不表示他不愛你，他只是不如道如何表現愛而已。那個漢堡排很好吃吧？或許，你父親只會用這種方式來表達他對你的肯定。」

我這麼一說，他雖然低著頭，但連連點頭說：「嗯嗯。」

這是他從罪惡感中解脫出來的一刻。接受父親的愛，他的罪惡感便獲得療癒了。

他抬起頭來，用截然不同的、朝氣十足的表情說：「其實，漢堡排仍是我的最愛，但我從來不點，我和朋友去餐廳吃飯都刻意點別的餐，漢堡排對我來說就是這麼特別的料理。」

他沒意識到，在他的心目中，漢堡排是「獲得父親肯定的證明」。

我對他說：「那麼，你今天回家時，就去吃這個別具意義的漢堡排再回家吧。」

他首次露出笑容，說：「那當然，我要去吃。我來這裡的路上看到一家還不錯的餐廳，我就去那裡慶功吧！」然後走出晤談室。

心理師想對你說

一旦認定：「我之所以不被肯定，是因為我不夠努力。」
就會不斷製造出自我懲罰的狀況。
但是，只要坦然承認自己的努力，
找出其中的「愛」，
所有的付出也就會有回報了。

46 擺脫「我不可以獲得幸福」的偏執

為什麼要刻意傷害真心愛著她的男友？

這位案主是一個小姐，她來找我談感情上的困擾。

一開口便說：「我覺得像我這種人，已經沒資格獲得幸福了。」我問怎麼回事，她才娓娓道來。

她有個交往四年的男友，已經論及婚嫁，但數個月前，她主動提出分手。

「他是個很好的人，對我非常好，我的一切他都接受，但我卻傷他傷得很重，這樣的我，怎麼可以獲得幸福呢？」

一聽她這麼說，我就發現到原因出在她懷抱著罪惡感。再聽下去，就知道在他們交往的過程中，許多事情都讓她產生了罪惡感。

- 她會對這個大好人男友撒嬌，而且好幾次對他亂發脾氣。
- 刻意在他面前丟掉他特地準備的禮物。
- 好幾次只是因為心情不爽就取消約會。
- 只要她想見面，即便他在工作也會把他叫出來。
- 他特別做的菜，她連筷子都沒動就說難吃。
- 交往之初，背著他與前男友多次見面。
- 他到國外出差時，她就和別的男人出去玩。
- 訂下婚約，也去見了他的父母，卻自己把事情搞砸。

這位小姐的「懺悔」無邊無際地蔓延下去。而且認定：「在他獲得幸福之前，自己不可以幸福快樂。」

我突然想到一件事，於是問她：

「可是，他跟妳好像不是很合吧？你們在一起很無聊吧？」

「咦？喔，還好啦。他確實人很不錯，很老實，不太會堅持己見，所以約會行程都是我在決定。我常想，他要是更積極主動一點就好了。」

「那就沒辦法了啊！」我笑著對她說。這位小姐的行為的確不好，換作是我也受不了。但是，換個角度想，「事出必有因」。

我想解開這個原因，於是問她：「為什麼妳的態度會變成這樣呢？」

我認為不會單純是兩人個性不合，應該有更大的原因才對。

逃離母親的掌控，卻總是跟渣男交往

她的父母向來感情不睦，經常吵架。無論是錢、工作、家裡的事，母親要是對父親抱怨，父親便受不了而抓狂、暴怒。或許因為每天都吵不停，父親不回家的日子越來越多，身為長女的她，便在母親的抱怨中長大。

母親不只抱怨父親，從婆婆到鄰居阿姨，能罵的都罵遍了。心情惡劣時，甚至會說：「要是沒有你們，我早就離婚了。」這話有多麼刺傷她，不難想像。

儘管如此，她仍為母親加油打氣，鼓勵她振作起來，笑容可掬地面對她，表現得十分堅強。為了不讓母親擔心，她一直做個乖巧懂事的孩子。然而，這種日子實在太苦了，她便在心中祈禱：「我希望能夠早點離開這個家，我要找到工作，趕快獨立。」

進入當地高中後，她的叛逆期從此展開，因為母親對她的服裝、行為等處處干涉。穿短一點的裙子就說：「還沒長大就妖裡妖氣的，是有男人了嗎？」從學校晚一點回來就說：「跑去哪裡混了？妳是不良少女嗎？」抱怨一堆。漸漸地，她開始會頂嘴了，於是成天跟母親爭吵不休。

與此同時，她跟不上學校的功課，經常蹺課。那段期間，「我想早點離開這個家」的念頭十分強烈，因此，她跑到離家很遠的地方讀書，志願是將來成為一名護士。能夠逃離母親的掌控，她終於安心了。

可是，她交往的男友不是渣男就是玩咖，這下變成跟母親一樣，過著被男人甩來甩去的日子，其中甚至有會施暴的人。出社會之後，她當上護士。幾年前，與國中同班的男同學再次相逢，也就是現在這位男友，兩人開始交往。

無法幫助母親的無力感，形成了自責

聽完這位小姐的人生故事，我逐漸了解了許多事。

她一直在設法撮合感情不睦的父母。傾聽母親的抱怨，就是她幫助母親的方式之一。可是，母親不但沒有笑容，還一天到晚說人壞話、大表不滿。於是，她感到十分無力：「我實在幫不了她。」這個無力感可視為罪惡感的一種。

再加上「要是沒有你們……」這句話，我想並非是母親的真心話，但已經深深傷害她了。

這種「否定存在價值」的話，除了給人「我不該生下來嗎？」的悲傷與落寞，也會同時讓人對自己的存在產生罪惡感。

「我應該消失才對，我不值得被愛。」這樣的想法烙印在這位小姐的心中了。

我們在成長過程中，會像這樣逐漸培養出所謂的「觀念」，它是一種「我是這樣的人」的偏執，有時，也會是「這樣做就不會受傷害」等要求自己的原則。

這位小姐在抱持各種罪惡感的同時，又有強烈的「我不值得被愛」的觀念。於是，她在這些心理因素下，變成只跟「不愛我的人」接觸，這些人就是那一堆問題學生，也就是她的前男友們。

老是惹麻煩而靠她解決的渣男、盡說些得意忘形的話，到處跟女生鬼混的玩咖、會做出言語暴力及肢體暴力的傢伙等等。她還曾拿出僅有的一點存款幫男友還債，其中一名男友還曾帶別的女生到她家來……種種不堪，再再強化她的觀念：「我這種人不值得被愛。」

就在這種時候，她開始和現在這位男友交往。

這位男友非常好，永遠都站在她這邊，而且像諮商師般，是個很有耐性的傾聽者，與她同齡，卻像一個既可靠又可以撒嬌的哥哥。

認為「我不值得被愛」的她，碰上這位對自己體貼入微的人，會怎麼樣呢？

沒錯，會想要測試對方的愛。

「你真的愛我嗎？如果是，那你跳過這個跨欄給我看！」類似這樣的測試不一而足。這些愛的測試，其實，就是罪惡感製造出來的。

「我不值得被愛」這種想法就是罪惡感作祟來的。罪惡感是一種傷害自己、讓自己不幸福的情緒。有強烈罪惡感的她，每當感受到男友的愛時，便不由得以否定態度來面對。

其實，當傷害男友後，她也曾因罪惡感強烈襲來而向男友道歉。男友總是說：「沒關係，我很好。」而原諒她，反而是她無法原諒自己，以致罪惡感越積越深。而且，她就像是母親對待父親那般，也像她的前男友對待她自己那般，開始對這位男友惡言惡語、抱怨不已。

她是個聰明人，因此，在兩人交往時，她就注意到這種狀況了。

「不知不覺，我竟然做了跟我母親同樣的事，我超討厭自己這樣，所以曾想過要離開他。」

她很討厭母親，因為母親做了很多令她討厭的事。當她發現自己做的事跟母親一樣時，便不可自抑地討厭起自己了。就這樣，罪惡感不斷襲來，在罪惡感作祟下，她跟他在一起就變得很痛苦。

「每次他對我好，我就有種被責備的感覺。我總是想，為什麼他不生氣？為什麼他不罵我？」

此外，她雖接受了男友的求婚，但現在回頭看，也應該是出於罪惡感的關係。

「我對他這麼不好，我不能跟他結婚。」婚事定案後，男友非常開心，她卻相反，每當兩人在一起時，她一次比一次痛苦，最後提出分手。

聽完這位小姐的故事，我的心情是：「這不能怪她。」

我告訴她：「妳並沒做錯什麼。」因為有這些事情，難怪她會害怕男友的好、男友的愛。「妳自己沒意識到，但妳會測試男友的愛也是無可厚非的，因為在妳遇見他之前，妳從未遇過能夠這樣接受妳、理解妳、愛著妳的人，因此，妳會採取這種態度真的不能怪妳。」

真正想幫助的對象是心愛的母親

然後，我告訴她一個我認為最重要的重點。

「妳認為，為什麼妳會用妳母親的那種方式來對待男友呢？

其實，這就是妳深愛著母親的證據。現在，妳是討厭妳母親沒錯，但妳應該還記得妳愛著她的那種心情吧，因為妳一直在幫助妳母親，雖然每天都在聽她抱怨、罵人，但妳還是不斷鼓勵著她，對吧？妳還是一直很用心，避免給她添麻煩，對吧？但是，後來妳沒辦法幫助她，這件事讓妳產生了無力感和罪惡感。

所以，妳喜歡的人才會都是一些內心有創傷、需要幫助的人，但是，妳真正想幫助的人是妳的母親。

妳知道妳有多麼愛著妳母親嗎？只是，因為妳太愛她，不知不覺就模仿起她了。為什麼？因為要了解母親有多麼痛苦，最好的方式就是做跟她一樣的事。因此，妳就對男友做出跟母親一樣的事情了。

相信妳已經注意到了吧？那位對妳好的男友，就是過去的妳。妳還記得他對妳做的種種體貼舉動吧？妳也曾經像他這樣無怨無悔地為母親付出吧？即便母親說些難聽的話，妳也是笑容以對，即便她對妳惡言相向，妳還是一樣關心她、擔心她，不是嗎？現在的妳，應該能夠了解妳母親心中那龐大的罪惡感了吧？

而妳對男友的罪惡感，就跟妳母親對妳的罪惡感是一樣的。妳母親雖然對妳不停抱怨、大表不滿，但她的心情就跟妳現在的心情沒兩樣。相信妳現在已經能夠理解妳母親有多麼痛苦了吧？」

不想走上母親的路，重新找回自己的人生

晤談到一半，她的眼淚便撲簌簌地落下來。原本滔滔不絕的她開始沉默，不一會兒，開始嗚咽。

因為愛著母親，不知不覺走上與母親相同的人生道路。而且，因為罪惡感作祟，連無法接受深愛自己的人這點，都不知不覺模仿起來了。

「原來我母親也是這樣痛苦的啊。完全看不出來，但我想，現在的我也是看不出來有這麼痛苦吧。我已經完完全全了解了。只是，我男友被我搞得那麼慘，我該怎麼做才好？」

她淚眼婆娑地看著我。我的回答很簡單：

「要不要去找他？再次向他道歉。如果願意，何不重新開始呢？」

她用吃驚的表情看著我，然後離開晤談室去找她男友了。

後來的發展就跟各位想像的一樣。這位男士和她分手後，立刻跟別的女生交往，但兩人處不來而分手了，不知為何，這位男士對她依然念念不忘。兩人若能幸福快樂地走下去最好，對我們這一行來說，「沒消息就是好消息」，我只能由衷祝福他們了。

心理師想對你說

有時，因為深愛母親，便不知不覺過起與母親同樣的人生，

而且交了一位跟過去的自己一模一樣的伴侶，

重現自己與母親的相處狀況，才終於了解母親當時的心情。

只要能夠理解這樣的心理機轉，就能從罪惡感中解脫出來，

原諒自己，不再複製母親的人生。

47 以「愛」為基礎，療癒伴侶的罪惡感

工作成癮的原因其實是「罪惡感」

有位太太來找我談她與先生之間的關係。

他們結婚進入第四年了，這位太太很想要小孩，但先生工作太忙，以致他們無暇行房。兩人已經將近半年沒有性行為，而她快三十五歲了，很擔心變成高齡產婦。我也問了先生的狀況，從這位太太的談話聽來，她先生應該是抱著強烈的罪惡感。

從事顧問業的先生經常工作到深夜，是忙到連假日都沒有的典型重度工作者。而這樣的生活已經持續將近十年。

這位太太很擔心先生的身心狀況，總是親自料理許多養生飲食，並把家裡整理得

舒適宜人，也盡量當先生的傾聽者，處處支持著先生，但先生只會說些「不好意思，等我工作較穩定後，就會比較輕鬆了」這類千篇一律的話，工作卻一點都沒有減少的跡象，而且，先生的眼神總是很慌張，像有東西在後面緊追似的，完全沒有放鬆的時候，一天只睡三到四小時，還常做噩夢，讓她擔心得不得了。

據說，她公公染上酒癮，每天都是黃湯下肚就暴粗口。婆婆則是一再隱忍，因為家裡沒錢，於是每天忙著兼差賺錢。她先生說：「我從沒看我爸媽笑過。」身為家中長子，她先生為了不給母親添麻煩，從小就是個「乖孩子」，有時還得代替母親照顧弟弟。他非常聰明，成績一直很優異，因此考上公認的一流大學，然後半工半讀支撐家中經濟。

這樣聽下來，我覺得她先生心中有著十分強烈的罪惡感。已經讀到這裡的各位，相信也明白了，這位先生因為無法幫助母親而產生強烈的無力感（罪惡感），也因此，他一直努力當一個不給別人添麻煩的乖孩子，甚至連青春期時都沒有耍叛逆。

再深度探究下去，還會發現這位先生的內心另有一種罪惡感，就是無法幫助他的父親。他的父親染上酒癮，他則染上了工作癮。對象不同，但都是處於一種無法自拔的狀態。而且，他的媽媽屬於隱忍型的人，而前來諮商的太太，也是一直默默支持著重度工作的先生。

無法幫助先生，也讓這位太太陷入無力感（罪惡感）的陷阱中。

用「肯定的暗示」來切斷黏結關係

我問她：「妳想幫肋妳先生吧？」

她低頭說：「當然，可是我能做什麼呢？我想得到的都做了，就是不順利。」

「首先，妳必須擺脫掉罪惡感。我猜妳心裡面一直在想：『我沒能幫上老公的忙，我很沒用！』對吧？」

「我的確是這麼想沒錯。」她苦笑著說。

罪惡感製造出「黏結關係」，再加上，夫妻為同樣的情緒所苦。如果說她先生背著沉重的十字架，那麼，走在先生旁邊的她，也會同先生一樣背著十字架，這點無庸置疑，因為她愛著她先生。

因此，我的第一個建議是，先切斷這個「黏結關係」。我請她每天要重複默念以下內容：

「我是我，他是他。
我會自己幸福快樂，他也會自己幸福快樂。
我會支持他的選擇、支援他的選擇。
我會自己選擇自己的幸福快樂。」

我要再次介紹前面介紹過的「肯定的暗示」。這是我要幫助案主切斷「黏結關係」、重新恢復「自我本位」時，常用的妙招，只要每天持續默念下去，便有超乎意料的效果。

而且，我告訴這位太太，「說得極端一點，是妳先生自己要一頭栽進工作中的，跟妳無關，妳應該這樣想才對。」或許聽起來很無情，但為了切斷兩人的「黏結關係」，我得說得嚴厲一點。

然後，為了幫助這位太太恢復「自我本位」，我建議她：「不必管妳先生，妳喜歡做什麼就盡量去做，每天找一件可以讓自己笑得很開心的事，一件一件地做下去。」

一旦想幫助先生的動機太強，就會滿腦子都是他的事情，陷入將自己擺在後面的「自我喪失狀態」中。**就跟想救溺水的人而自己跳進水中，結果跟著一起溺水，呈現兩敗俱傷的狀態一樣。因此，請以拯救自己為優先。**

這位太太在離開前問我：「我該怎麼對待我先生？我能為他做些什麼呢？」

我告訴她：「妳目前做的就夠了，請不要勉強自己，不然你們會兩敗俱傷。除非妳的想法很單純：『我好想為他做這件事啊。』那就無妨。」

把生活重心放在自己身上，先讓自己快樂

後來，她豁出去地做了之前顧慮先生而沒做的事，但其實這些事情都再普通不過，例如：和朋友去吃中飯、學一些從前就很感興趣的事、有時回娘家等等。在此之前，她都因為覺得「這樣會對一直拚命工作的老公很不好意思。」而抑制自己的欲求，也不知不覺過起禁欲生活了。

我第二次見到這位太太時，她的表情明顯比上回開朗多了。她也跟我說，她最近笑容增加了，之前會在先生面前硬擠出笑容，但現在能夠自然而然地笑了。罪惡感這種情緒，會讓人連笑都笑不出來。因此，展露笑容這件事，可說是她已經相當程度擺脫掉罪惡感的證據。

因此，我教她幾個療癒對方罪惡感的方法。

1. **首先，是盡量說「謝謝」**。前面介紹過，感謝具有融化罪惡感的功效。

2. **向對方示愛，說「我愛你」**。有時，這樣會給對方帶來壓力，但她先生是個只會付出而不善於接受的人，因此即便有風險，應該還是很有效果。
3. **經常讚美對方**。這種方式跟示愛差不多，而她以前也經常這麼做了。

然後，我再帶她進行下列的「觀想練習」。

請閉上眼睛，
想像先生那副痛苦的表情。
請你溫柔地撫摸他的臉。
妳的手發出溫柔的光，
妳所撫摸過的地方，也都輕輕地發光。
然後，那些光瞬間消失於他的體內。
從妳手中發出來的光，非常慈悲，充滿了愛。

請妳感受一下，當妳撫摸他時，
那些愛一點一滴滲入他體內的樣子。

於是，他的身體慢慢變小，
從大人變成青年，從青年變成少年，
一直變化下去，
然後變成天真的幼兒，變成可愛的小嬰兒。

請妳輕輕抱起這個小嬰兒。
他是什麼表情呢？
是睡著了呢？
還是瞪大了眼睛？

請幫這個小嬰兒洗澡。
請將他放入溫度剛剛好的澡盆裡，
然後溫柔地、仔細地、輕輕地清洗他的身體。

再用柔軟的毛巾包住他的身體，輕輕擦拭，
幫他換上漂亮的嬰兒服。

妳輕輕地抱起他，
他在妳的懷裡香甜地入睡了。
請妳仔細欣賞這張平靜、安心的表情。

接下來，這次換小嬰兒的身體要慢慢變回大人的模樣了。
妳讓他睡在床上，為他蓋上棉被。
從少年變成青年、從青年變成大人，然後恢復成他現在的模樣。

請妳想像平靜地、安心地、睡得很香甜的他。
一邊輕撫他的臉，
一邊讓意識回到現實中。

這種觀想練習，既可以療癒妻子本身的罪惡感，也能讓她對於幫助先生這件事產生自信。

此外，不可思議的是，當妻子持續進行這種觀想練習，先生也會隨之產生變化。畢竟夫妻在心靈上是彼此相連的。

找回自己，也讓兩人關係找到出口

經過第二次的晤談後，這位太太逐漸恢復自信了。她用自己的方式享受每一天，為先生做當下自己能做的事，並且時時進行前面介紹的觀想練習。

過了一個月左右，她先生破例於晚上九點左右回到家，還提議說：「明天起，終於可以放假了，一直讓妳一個人悶在家裡，真的很不好意思，要不要一起去泡湯？」

其實，因為先生工作太忙，他們的蜜月旅行是延期的，而且也只是在過年放假時回她娘家過一夜而已。對於這項提議，她當然不反對。於是，先生立刻上網，找到箱根可於隔天入住的飯店，兩人便開心地一起出門了。

然而，她先生因為放鬆而備覺疲倦吧，不論在前往箱根的電車上，或是到了飯店，全都一直在睡覺。但她完全不覺得無聊，因為先生的臉龐正是她在觀想練習中看到的平靜而安詳的臉。而且，難得的休假，先生願意帶她去嚮往已久的溫泉泡湯，此舉不也傳達出先生愛著她的訊息？

她讓先生在房間好好休息，她自己一人泡泡湯、散散步，享受美好的箱根之旅。隔天早晨，先生顯然睡飽而精力充沛了，兩人終於做了久違的親密行為。

回家的電車上，她一邊回味幸福的感覺，一邊將內心的感受告訴先生。

她說，希望他保重自己，注意健康。她雖然喜歡他努力工作的模樣，但太過拚命的話，就會跟他父親一樣，一個是染上酒癮，一個是染上工作癮。自己很想幫助他卻幫不上忙，因而求助心理諮商師。

她先生則是靜靜地傾聽這一切。

然後，笑著對她說：「我真的沒注意到會讓妳有這些想法，真的很抱歉。妳能這樣為我著想，我真的好感動。」先生許下承諾：「我最晚十點會回家，也會在週六或週日選一天放假陪妳。」

據說，他們終於能夠好好準備生小孩了。我滿心期待收到幸福的好消息。

心理師
想對你說

夫妻感情不睦時，指責對方是最簡單的。
但是，若能理解對方，並以內心的愛為基礎而採取行動，
就能驚人地改善彼此的關係。
採取愛的行動，不僅能療癒自己，
也能讓親愛的伴侶從罪惡感中解脫出來。

後記

將罪惡感切換為愛，找回幸福的可能

罪惡感這種情緒，往往讓人以為是為了阻礙我們變幸福而設下種種陷阱的壞蛋，其實，罪惡感裡面有愛，可以說，它是有愛才會產生出來的一種情緒。

因此，與其為了排除罪惡感而走火入魔，我認為，不如好好學會與罪惡感相處的方式，才容易找回快樂。

當我們聚焦於罪惡感時，會認為自己沒資格獲得幸福快樂，但只要稍微改變一下觀點，我們就能發現藏在背後的愛，擺脫自責，不再痛苦。

因此，我一路寫來，就是希望大家都能發現到，罪惡感的深處隱藏著愛。

希望大家能夠明白，**無論是否抱持著罪惡感，你都能夠以你「此時此刻的狀態」獲得幸福快樂**。

你因罪惡感作祟而自我懲罰時，你所重視的人看到你的樣子，也會感到悲傷、痛苦。如果你能體會到這些人的想法，你的視線就能立即從罪惡感移開，並對他們的愛生起感恩之情，那麼，你就能從中找到走出泥沼的方法。

透過長年從事心理諮商工作及舉辦研討會，我逐漸形成一種想法：要幸福快樂，其實不必真的獲得什麼也可以，不必刻意努力也無妨。

你要做的事情只有一件，就是對於你所關注、在意的對象，將你對他的罪惡感切換成愛。

本書介紹許多能夠幫助你將罪惡感切換成愛的想法及做法，並分門別類地引用了許多案例。如果你能從中獲得啟發，加以實踐而明確感覺到效果，那就太棒了。

擺脫罪惡感後，你會驚訝於你的心變得無比輕盈、周遭的景致更加明亮，而且自然湧上正面積極的心情，對於此時此刻能夠在這裡，充滿喜悅、感恩之情。

即便是我，有時仍會掉進罪惡感的陷阱中，這時候我便會切換意識，聚焦在愛與感恩上。拜此之賜，過去如鉛球般沉重的心，如今整個輕盈了起來。

「現在的我，以此時此刻的狀態，就能充分感覺到幸福快樂。」

透過本書，我最想告訴大家的，就是這句話。

我會在這裡隨時為你加油，幫助你擁有更幸福快樂的人生。

HEART
心|視野 心視野系列 059

擺脫「習慣性自責」的 47 個練習

對情緒勒索免疫，高敏感但不受傷，戒掉沒必要的罪惡感

作　　者　根本裕幸
譯　　者　林美琪
總 編 輯　何玉美
主　　編　林俊安
責任編輯　林謹瓊
封面設計　張天薪
內文排版　黃雅芬

出版發行　采實文化事業股份有限公司
行銷企劃　陳佩宜・黃于庭・馮羿勳・蔡雨庭
業務發行　張世明・林踏欣・林坤蓉・王貞玉
國際版權　王俐雯・林冠妤
印務採購　曾玉霞
會計行政　王雅蕙・李韶婉
法律顧問　第一國際法律事務所　余淑杏律師
電子信箱　acme@acmebook.com.tw
采實官網　www.acmebook.com.tw
采實臉書　www.facebook.com/acmebook01

I S B N　978-986-507-058-8
定　　價　350 元
初版一刷　2019 年 12 月
劃撥帳號　50148859
劃撥戶名　采實文化事業股份有限公司
104 台北市中山區南京東路二段 95 號 9 樓
電話：(02)2511-9798　傳真：(02)2571-3298

國家圖書館出版品預行編目資料

擺脫「習慣性自責」的 47 個練習：對情緒勒索免疫，高敏感但不受傷，戒掉沒必要的罪惡感 / 根本裕幸著；林美琪譯 . -- 初版 . -- 臺北市：采實文化，2019.12
288 面；14.8×21 公分 . --（心視野系列；59）
譯自：いつも自分のせいにする罪悪感がすーっと消えてなくなる本
ISBN 978-986-507-058-8（平裝）
1. 情緒管理 2. 自我實現 3. 生活指導
176.52　　108016705

廣	告	回	信
台北郵局登記證			
台北廣字第03720號			
免	貼	郵	票

采實文化 采實文化事業有限公司

104台北市中山區南京東路二段95號9樓

采實文化讀者服務部　收

讀者服務專線：02-2511-9798

擺脫習慣性自責的47個練習

對情緒勒索免疫，高敏感但不受傷，
戒掉沒必要的罪惡感

HEART
心｜視野 **心視野系列**專用回函

系列：心視野系列059
書名：**擺脫「習慣性自責」的47個練習**

讀者資料（本資料只供出版社內部建檔及寄送必要書訊使用）：

1. 姓名：
2. 性別：□男 □女
3. 出生年月日：民國　　年　　月　　日（年齡：　　歲）
4. 教育程度：□大學以上 □大學 □專科 □高中（職） □國中 □國小以下（含國小）
5. 聯絡地址：
6. 聯絡電話：
7. 電子郵件信箱：
8. 是否願意收到出版物相關資料：□願意 □不願意

購書資訊：

1. 您在哪裡購買本書？□金石堂 □誠品 □何嘉仁 □博客來
□墊腳石 □其他：____________（請寫書店名稱）
2. 購買本書日期是？____年____月____日
3. 您從哪裡得到這本書的相關訊息？□報紙廣告 □雜誌 □電視 □廣播 □親朋好友告知
□逛書店看到 □別人送的 □網路上看到
4. 什麼原因讓你購買本書？□喜歡心理類書籍 □被書名吸引才買的 □封面吸引人
□內容好 □其他：________________（請寫原因）
5. 看過書以後，您覺得本書的內容：□很好 □普通 □差強人意 □應再加強 □不夠充實
□很差 □令人失望
6. 對這本書的整體包裝設計，您覺得：□都很好 □封面吸引人，但內頁編排有待加強
□封面不夠吸引人，內頁編排很棒 □封面和內頁編排都有待加強 □封面和內頁編排都很差

寫下您對本書及出版社的建議：

1. 您最喜歡本書的特點：□實用簡單 □包裝設計 □內容充實
2. 關於心理領域的訊息，您還想知道的有哪些？

____

____

3. 您對書中所傳達的內容，有沒有不清楚的地方？

____

____

4. 未來，您還希望我們出版哪一方面的書籍？

____

____

HEART

心|視野

HEART
心|視野

HEART

心|視野

HEART

心|視野

HEART

心|視野

HEART
心|視野